帝国夕阳下的

铸舰之梦

战船工程师徐寿

桂国强 主编 任丽青 策划
黄建华 编撰

文匯出版社

序

桂国强

相当一段时间以来，关于中国“内陆国”或“海洋国”的属性，很多人在认识上一直存有误区。他们认为：从鸭绿江口延伸至北仑河口，自北而南，中国有着20 000多公里长的陆上国界线，分别与朝鲜、俄罗斯、蒙古……缅甸、老挝、越南等14个陆上国家比邻而居，并且，包括“丝绸之路”在内的经济、贸易等诸多重要活动，中国也都是在陆上进行和完成的——据此，中国理所当然应该属于内陆国。

事实上，中国除了拥有20 000多公里长的陆上国界线外，还有18 000多公里长的海岸线，与韩国、日本、菲律宾等6个海上邻国隔海相望；中国的对外贸易、国民的赴外旅游，许多也都是通过海上航线走向世界各地的……从这个意义上说，中国分明又是一个海洋国。如是，人们在“内陆国”还是“海洋国”属性上之所以存有误区，问题或许在于，中国虽然是一个海洋国家，但从历史层面来说始终不是一个海洋强国，以致中国人的“海洋意识”也一直相对淡漠。

正是基于这样的现实，作为一家负责任的出版单位，我们觉得，有必要让读者更加全面、更加深入地了解有关中国这样一个“海洋国家”的历史，以不断唤起并增强国民的“海洋意识”，积极争取本该属于我们的“海洋权益”，努力使我国成为一个名副其实的海洋强国，将习近平总书记描绘的“海洋丝绸之路”尽早成为现实……于是，我们便策划出版这套《大国海图·人物志》丛书。

纵观中国历史，自古至今，不少富有探险精神的有识之士，凭着自己的勇气和智慧，早就将眼光瞄准那宽广的海洋了。他们搏浪远航，力克艰险，或传法，或旅行；或从事贸易，或抗击外侮……为中国人的海洋实践活动留下了浓墨重彩的一笔——此刻，呈现在读者面前的这套《大国海图·人物志》，就是对这些先贤曾经的海上活动真实的历史记录。

为了使丛书更具可读性，作者在力求尊重历史的前提下，积极偿试以文学的笔法来描述，从而使这套丛书兼具“史料性”和“文学性”双重价值。作者的努力是否能得到读者的认可？我们将以忐忑的心情来等待读者朋友的评判。

是为序。

2014年12月8日于海上。

（序作者为文汇出版社社长、总编辑、编审，本丛书主编）

目录

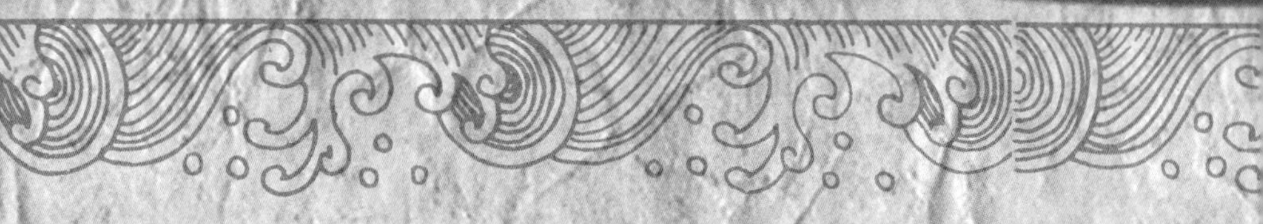

跌宕人生路

1. 儿子是个“逃学精”

徐寿，字生元，号雪村，嘉庆二十三年正月二十二日（1818 年 2 月 26 日）出生于江苏锡金北郊钱桥社冈里村（今无锡市山北街道会西社区）。

社冈里是个美丽幽静的小村子，西南面的惠山终年郁郁葱葱，像是一个巨大的屏风。村里面有清净的小河流淌，几十户人家都坐落在小河的附近。这个小村子虽然地处江南，但是在陆上交通还很落后的两百年前，只能算是一个僻壤，并不是我们今天所想象的交通便利、人民富裕的世外桃源。虽然跟广大的北方地区相比，江南算是富裕之地，但是在江南，钱桥并不是发达的地

徐寿（选自《辞海》第六版彩图版，上海辞书出版社 2009 年 9 月出版）

方。在附近的几个村子里要找一个读书人，也不是一件容易的事情。

徐寿曾祖父徐士才幼年丧父，靠母亲辛勤抚养长大。祖父徐审法读过书，一边勤奋务农，一边还做点买卖，又讲究德行，家境才逐渐富裕起来，在乡下颇有点名望。父亲徐文标也是知书达理之人，可惜在徐寿 5 岁的时候就撒手人寰，使刚刚好转的家境一下子又跌入贫困之中。徐寿是徐姓三房合一子的独子，徐姓家族的指望统统都集中到了这个年幼的男孩身上。况且徐寿的父亲在世的时候粗通文理，在钱桥这个小地方也算是个人物，他从来没想过自己的儿子将来要把力气放在田野之上。这些都给徐寿的母亲宋氏带来天大的压力。

宋氏是个目不识丁的良家妇女，身上肩负着要把这棵徐姓的独苗培养成人的重担，但是自己既不能亲手传授任何学问，把孩子交到别人手上自己又该如何管教呢？这许多的烦恼早已经盖过了丧夫的悲痛，整天都萦绕在宋氏的心头，不知向谁可以倾吐。

最后，宋氏横下一条心，把儿子送到了村里的一家家塾。

为了儿子的读书和家庭的开销，宋氏整天忙碌。几亩田地要侍弄好，以保证母子粮菜充足，晚上还要在屋里操机织布。无锡农村历来有家庭织布的传统，加上内河航运发达，可以通往上海等地，更有大运河直达北方，纺织品能够大量进入流通领域，所以无锡成为全国重要的棉布中转枢纽。因为生计的考虑，宋氏在织布方面勤学苦练，技巧相当娴熟，她织出来的布总能多卖一些银子。

没想到，自从把儿子送到先生家里去读书，却时常传来不好的消息。她隐隐约约听到邻居在背后说一些闲话。他们给自家儿子起了个绰号叫“逃学精”，还说，她家这等困难还供孩子读书，孩子却整天野在外面，当阿母的竟放任不管。有一天，宋氏终于亲眼看见儿子的确是在逃学，她一时火气上来，顺手抄起手边的“竹段”狠狠地打到儿了的屁股上。这“竹段”是织布机上的一个附件，弄坏了它，就不能织布了。可是宋氏哪里还管得到这些，她实在是恨铁不成钢，恨得心里滋滋地发痛。儿子吃了这一顿打并没有记恨母亲，只是心里面毫不服气，他对母亲说：“你就不知道那个先生太不好了，我也学不到什么东西。还不如多走两里路，去钱桥读书。”

儿子的意思是，逃学有理。但是做娘的毕竟心细一点，她听着儿子边哭边说，似乎说的也有些道理。第二天她有心到别人家里打听了一下，人家告诉她，在我们这个交通不太方便的小村子，哪个好好的先生肯来教书嘛。宋氏听到这样的说法心中实在是沮丧得很。她考虑了好几天，咬咬牙置办了一份厚礼，带着儿子去钱桥私塾读书。钱桥虽然不是一个很大的镇子，比起社冈里是好得多了，私塾有好几家，学伴也是正经的学童。从此以后，儿子果然不负众望，专心读书。做娘的心里踏实了，虽然还是天天辛苦地种田织布，但是心里头是充满希望的，邻居对这孩子也正眼相看了。

一晃就过去了三四年，私塾的先生说，徐寿学业相当优秀，可以参加童子试了。于是宋氏用心把儿子打扮一新，送他登上赶考的船，眼看着小船驶远到看不见，这才回到屋里。可惜，等来的消息却不是考中而是落榜。若干年以后，徐寿的儿孙辈才知道，原来徐寿用心读了几年书，有长进的并不是四书五经之类，而是文学。文学不能让他考取功名，当上官僚，但是却培养了他的思考能力和想象能力，正是这一点奠定了他以后成为科技能手的基础。

徐寿的母亲虽然是个妇道人家，但是在儿子读书这件事上，心里面是想得很清楚的。男人如果不读书，必定不会聪明，将来只有在田野里做苦力这一条路。儿子读了书，即使不能做官，也有学问可以干任何一个行业，不怕没有出头的日子。如此深明大义的母亲，在一个偏僻的乡下恐怕找不出一两个，居然就让徐寿命中注定诞生在她的腹中。所以说，一个人的成功，勤学努力是不可少的，家庭背景和时代背景也是不可或缺的。无视客观的情况而只是强调个人的努力甚至拼搏，不是出于愚昧就是出于别有用心。

2. 少年成婚

转眼间，徐寿已是 15 岁的少年，考试落第的阴影早已飘散开去。有一天，徐寿悄悄对母亲说，自己想要讨亲了。“讨亲”是无锡的土话，就是结婚的意思。清朝末年的时候，中国的早婚现象虽然很普遍，但是，少年男子 15 岁就结婚毕竟也是很罕见的。难道是徐寿文学书读得多了，思想里浪漫起来？或者就是过于早熟呢？徐寿的母亲一时也不知说什么好。

这件事情在徐寿心里是酝酿已久的。从五岁起，家里就是孤儿寡母，无一男丁。母亲忙里忙外操持家务，起早贪黑，没有片

刻休息。祖母王氏常年卧床，无论吃饭还是喝药，都由母亲拿着调羹一口口喂下，起身换衣也靠母亲一手服侍。妹妹年幼，需要别人照顾。姐姐年长两岁，虽已讲好了人家，为了给母亲当个帮手，暂时也还待在家中。近年来，母亲身体越来越差，几亩田地也请别人代耕，收获微薄。有时候房屋漏水或家具毁坏，资金常常捉襟见肘。这一幕幕景象刺激着少年徐寿的心灵，有时候竟然

无锡北山会西社区徐寿故居（任丽青2013年8月10日摄于无锡山北乡会西社区徐寿故居）

夜不能寐，他不免筹划起来，怎样才能让母亲稍稍舒缓一下劳累的筋骨，也让姐姐早日达成她的归宿。

母亲听了儿子的述说，又是吃惊又是欢喜。吃惊的是，儿子小小年纪竟能想出如此万全之策，给家庭带来中兴；欢喜的是，难得儿子有这般孝心，使自己能够解脱劳累。于是母亲一番操心，媒妁俱全，征得了同村盛家小姐的同意，不日成婚。

盛家小姐比徐寿年长两岁，性情温和，不但减轻了母亲的辛劳，还能让徐寿从家中解放出来，继续求学，正可谓两全其美，阖家欢乐。第二年，盛氏生下一个男孩，取名建丑，久卧病床的太祖母竟然也病情好转。不久，徐寿的母亲又嫁了女儿，乡亲邻里无不称道宋氏教子有方，给徐家带来转机，徐寿心里也得到一丝安慰。

却不料，老天不善，宋氏刚刚享受到几天舒心的日子，老天就把她招了去。徐寿心里当然明白，这也怪不得上苍，母亲常年劳苦，体力早已耗尽，她已完成了她的人间使命。徐寿念母亲一生操劳，很想为她建造一座旌节牌坊，苦于没有资金只好作罢。此时的徐寿只有 17 岁，他必须又一次面对命运的拨弄。家运旺的时候，亲戚是亲戚，朋友是朋友；家运背的时候，任何亲友的帮助都最好不要去指望。徐寿明白，这一次只能靠自己的主张，走出一条新的道路。

3. 结交一生的挚友

丧母之后的徐寿已是一个有了十年学龄的青年，而且在文学上面显露出才华，如果此时下田劳作，他实在是心有不甘。但妻儿在旁，自己总不能游手好闲、蝇营狗苟。徐寿一边为母亲守灵，一边谋划自己未来的道路。百日之后，徐寿决定离开家乡去县城，从各行各业中考察一番，看看自己能干点什么。

几天后，徐寿就背着一只装工具的袋子进了锡金县城。他的袋子里放的是斧头、榔头、锯子、刨子，还有锉刀、刻刀、泥瓦刀，没事的时候就穿大街走小巷，看到人家有什么需要修的，他就帮人家修。有的人家房屋坏了，他也爬上屋顶去修，有的人家乐器响不了了，他也能帮人家修好。原来，小时候的徐寿就爱好手上的功夫，还喜欢音乐，经常玩弄各种乐器。现在到了县城，这个兴趣就变成了他的“吃饭手艺”。

有一天，他正在崇安寺附近给一户人家修理一把七弦琴，过来了一位老者对着他驻足观看，对他的手艺赞不绝口，这位老者就是金匮（今属无锡）荡口镇的华翼纶。华翼纶一看到徐寿就喜欢上了，跟他交谈了好一会儿，发现这个人不仅手巧，而且学问也不浅。等徐寿修好了琴，华翼纶就对徐寿发出邀请，请他来家中结识自己的儿子。

这个华翼纶是朝廷的忠臣，曾担任江西永新县的知县。太平军攻占江西后，华翼纶战败而逃，回到家里，担任荡口团练的首领。到了家里，老父亲就向儿子告状，说孙子华蘅芳越来越不像话了，不肯好好读经书参加科考，而是迷上了古代的算学。华翼纶心里想，如今这个世道，“长毛”作乱，洋人入侵，朝廷也没办法对付，读书读得好又有何用？华翼纶虽然也是朝廷命官，倒是个开明人士，对于数学有特别的爱好。只是因为天资并不是在科学方面，因此当发现儿子有这个爱好时，就大力地给予支持。

在锡金县城，华翼纶想给徐寿介绍的正是自己的大儿子华蘅芳，华蘅芳若干年后也成了一个不同凡响的人。但是他从小也不按循规蹈矩的路线走，讨厌读那些古文经典，也不擅长写八股文章。他长大后回忆儿时的情景说：“余七岁读《大学》章句，目不过四行，非百遍不能背诵。”他的私塾先生也评价他说：“此子不可教。”我们早已习惯了“一目十行”的说法，“目不过四行”的学生在今天看来那肯定就是“差生”无疑了，况且背书要背一百遍才能记住，真正是愚钝之极。这样的人不被先生看好，也

不足为怪。

然而，中国教育的问题正是出在这里。百般无用的东西当成了金科玉律，不学不行，学会了就能金榜题名，步入仕途；具有实用价值的学问和技能总是受到歧视，即使有什么发明，也渐渐打入冷宫。火药是中国人发明的，但是只用在了鞭炮焰火上面，让外国人制成的洋枪洋炮来教训咱们中国人。指南针也是中国人发明的，可是中国人就喜欢造长城把自己封在里面，而不是开着船去周游世界，发现新大陆。

话说自从认识了徐寿以后，华翼纶就把他挂在了心上，并且说到做到。过了一段时间，华翼纶专程来到钱桥社冈里看望徐寿，跟他交上了朋友，还正式请他到自己家里来访问。不久，徐寿果然应邀前往华家。

华家是在荡口的街上，门前有一条清澈见底的小河，屋后还有一片郁郁葱葱的竹林，一看就是一个书香之家。在华家的厅堂，华翼纶只是礼节性地寒暄了一会，随即唤出了正在研习数学的大儿子华蘅芳。只见华蘅芳一点也没有富家子弟的做派，他只穿一袭淡青色绸布长衫，外罩一间褐色马褂，听说徐寿来了立刻跑到客厅，对着徐寿鞠了一躬。徐寿还了礼，两人就来到华蘅芳的书房。书房里有好几排书架，徐寿细细地打量了一遍，见多是些古代的算学书籍，还有当今名人骆春池、梅文鼎、焦循等人的书也摆放在案头上。徐寿感觉到这个少年真是个知己，就跟他无拘无束地交谈起来，越谈越起劲，仆人几次催用膳，他们都没有听见。后来华翼纶亲自来请，他们这才进入膳房。华蘅芳的年龄比徐寿小十几岁，但是这并不妨碍他们可以成为一生的挚友。当晚，徐寿在华家住了一宿，第二天临别时，两人约好第二年春天一同到上海去访求“格致”新书。“格致”，是当时对西方自然科学的称呼。

照这样看来，华翼纶这个封建的小官吏，眼光确实是非同一般的。他不仅没有运用家长的权力强迫华蘅芳去读所谓圣贤书，而且还帮着儿子找了徐寿这样一个志同道合的朋友，让他俩在宽松的家境中“不务正业”。

从此之后，徐寿便不时坐船走几十里水路到荡口的华家，两人你来我往，别而又见，常常彻夜而谈。他俩一起读书，一同探讨，完全没有年龄的障碍，如同亲兄弟一般随和。他们哀叹国势衰微、民不聊生、报国无门。他们谈起了“格致”之学却两眼放光、兴致盎然、跃跃欲试。在这段时间，他们对中国古代的天算博物之书和西方传教士带来的格致之学都加以研究，实际上已经走上了自学格致的道路。

这段共同切磋的经历也扩展了徐寿的眼光，他除了搞懂书本上的原理之外就尽量动手实验，曾经亲手制作了指南针、象限仪等器具。在锡金县城，凡是跟工艺有关的事情，徐寿都愿意去做，譬如木工、泥工、铁工、织机等，而且比一般工匠都做得好。

说到这里，需要交代一下有关的背景材料。自从麦哲伦完成环球航行地理大发现以后，环球商业活动也蓬勃开展起来。很多西班牙人从美洲来到菲律宾，而中国人早就到菲律宾一带做生意，于是就形成了“中国——阿卡普尔科（墨西哥西海岸）黄金水道”，兴起了“马尼拉大帆船贸易”。中国、南洋、美洲和西欧四大地区通过这条水道开展帆船贸易活动，进行了广泛的物质、文化和人员的交流。中国货物价廉物美，很受市场欢迎，竞争力强，中国因此赚取了大量外币，其中就包括大量的墨西哥银元（俗称鹰洋）。根据相关统计，到1911年时，在中国流通和贮藏的墨西哥银元总数在四五万枚。在徐寿生活的年代，也就很容易接触到这种外国货币。

道光年间的后期，徐寿迷上了炼金术。一个偶然的机会，他得到一枚流入中国的墨西哥银元，这种由西班牙殖民政府铸造的银币，除了俗称“鹰洋”又叫“番佛”。看到这种外国的货币，徐寿觉得很新鲜，就想不妨也来仿制一下，看看自己在冶金、制模和雕版方面的手艺究竟怎样。他先把银币正反两面的花纹精确地雕刻在两块钢板上，做成模子。然后确定银子的分量，把银子融化制成饼状，压入钢模。在高处悬挂一个石椎，用绳子牵住，对准钢模往下一放就冲成了一枚银币。

几次试制之后，徐寿果真把银币仿制成功了。这种仿制的银元几乎达到了乱真的程度，流入市场以后，就连做买卖的老手也看不出有假，还以为是墨西哥新出的银元。徐寿所造的这种仿币比起墨西哥的真币含银量更高一点，也更为人们所喜欢，于是徐寿就更多地仿制出来，也就慢慢有了“徐版”的名称。后来，这种仿币无意之中到了上海的一个英国侨民的手中。此人是个货币收藏爱好者，他除了自己喜欢这种“徐版”钱，还特地买了30枚捐献给了英国伦敦博物馆。这件事情使徐寿的名声开始传扬，这个石椎也曾经保留在徐寿老家一百多年，不知它现在是否依然还在。

那个时候的国人，对于知识产权、货币流通、金融管理之类的东西可以说是完全陌生的，徐寿也不例外，他不知道仿制外币意味着什么。这样的事情发生在清末，作为后人，我们没有苛求徐寿的权力，但是在今天，就不能把它作为美谈了。

徐寿有了名声后，钱挣得多了，朋友也交得多了，就在乡下老家多买了几亩地。他尽管是个能人，但还没有聪明到会算命，算不到一百多年以后的世道带给家人的命运。在公元20世纪的中期，徐家的土地数量正好够上了地主这个档次。“地富反坏右”都属于敌人的范围，地主还排在头一位，害得他的后人们在“文革”之前和“文革”当中几次三番吃了不少苦头。

4. 再娶韩小姐

正当徐寿在县城发展正旺的时候，他的夫人盛氏竟然一病不起，在25岁的妙龄就抛下了丈夫和儿子。这时候的家中，上有七旬高龄的祖母，下有六七岁的幼儿，只有仰仗19岁的待嫁的妹妹维持家庭的劳作。徐寿在悲伤的心境中安葬好了妻子，仅仅过了一年，祖母也离世了。这时的徐寿早已不是惊慌失措的少年了，他强忍悲痛，一一把家事料理完毕。过了一年，徐寿又娶了续弦夫人韩氏，再把一个家庭支撑起来。

1844年3月里的一天早晨，锡金城里下起了春雨。一个茶楼里坐了几个闲人正在笃悠悠地品茶。胖一点的茶客说：“你们听说没有，社冈里的那个小子徐寿又要结婚了，娶的是茅竹桥的韩家大小姐。”

瘦一点的茶客问：“有这样的事嘛？韩家可是锡金城里的书香门第，这位小姐知书达理，还是个美人，她的金莲瘦、小、尖、弯、香、软、正，七个字是字字落实的，她怎么看得上徐寿？”

年长一点的茶客更是带着点怒气说：“徐家这小子还是个怪物，他的结发老婆死的时候，他虽然号啕大哭，却不让家里人请风水先生看墓地，也不做佛事，哪像一个读书人？”

账房先生听了茶客的话，不紧不慢地指点道：“你们不要用老眼光看人，现在是什么时候了，洋人是一批批地进来了，我们的脑子也要换一换了。听说徐寿这个人书还是读的，不过读的是新玩意，什么格子（格致），他一面学格子，一面靠手艺谋生，本事还是有的。”

于是，瘦一点的茶客便自作聪明地长叹了一声：“哦，那韩小姐一定是看上徐寿的手艺了。”

其实这件事情在韩小姐这里是很简单的。在传统的观念里，女子无才便是德，家境好一点的小姐读了几本书就自命清高，不肯随便下嫁了。如果偏巧没有碰上门当户对的主儿，一过二十也就成了老大难。况且这韩家姑娘，今年已是22岁，她比父母更着急。

那么，韩小姐又是如何看得上徐寿的呢？这里面也有一段故事。原来城里有一位孙老太爷托人从广东买来一架西洋产的大自鸣钟，放在家里很显眼。去年，钟摆突然不动了，孙家找了好几个工匠都没把这钟给修好。后来徐寿听说了这事，主动上门来修理，果然把钟修好了，钟摆滴滴答答的声音响得跟原来一模一样。孙家的小姐跟韩家的小姐是闺蜜，就把这桩好事一五一十讲给了韩小姐听，韩小姐当时就说很佩服徐寿这样的人。过了不久，有人上门提亲，提的就是徐寿，韩小姐没说二话当时就答应了。

新婚以后的徐寿今非昔比，他再也不用穿街走巷去揽活儿，单在家里应酬也有应接不暇的感觉。只要稍有空闲，他就坐船到荡口，去跟华蘅芳切磋“格子”学问，因此几年下来，他的西学知识已经相当了得。韩氏嫁到徐家后，把盛氏的儿子视如己出，相夫教子，主持家务，一切都料理得井井有条。夫妻俩商量，该把妹妹的大事赶紧办了。妹妹在徐家最困难的时候，代替亡嫂管理事务，多年辛苦，以致耽误了自己的终身大事。幸亏妹夫是个太学生，开明大度，体谅对方家庭特殊情况，并未催促婚事。如今，万事俱备，兄嫂精心备齐了嫁妆，择吉日把徐家的功臣妹妹嫁到了胡家成婚。

这时的徐寿，一家三口毫无牵挂，他便想到更大的地方去闯荡。韩夫人一向敬重丈夫治学挣钱两不误的态度，自然对他的心思全盘支持。所以徐寿邀请了华蘅芳来家商谈，决定不日一齐到上海继续求学。正在整装待发的时候，韩夫人突然告诉徐寿，自己有喜了。徐寿此时不便远行，就待在家里，等待夫人生产。几个月后，韩夫人又生下一个儿子。徐寿一看这儿子生得虎头虎脑，又是老二，就给他取名建寅，字仲虎，那一年已是道光二十五年（1845 年）。又过了一段时间，徐寿把母亲、祖母、原配夫人的祭扫事务一一料理完毕，终于踏上远行的路途。

徐建寅（选自钟叔河《走向世界——近代中国知识分子考察西方的历史》北京，中华书局1985年版）

5. 新的天地

过了一段日子，社冈里的人突然发现徐寿好像是出远门了，家里有些东西坏了想叫他回来修一修，韩夫人居然说，徐寿跑到上海去了，自己也不晓得男人啥时候能回来。村里人听韩夫人这么说，不由得大为吃惊。他们纷纷议论说，这几年上海来了不少洋人，都是绿眼睛黄头发，身上还长满了长毛，像妖怪一样。乡下人都希望这种妖怪不要冲到乡下来，徐寿胆子倒老大个，还要跑到上海去看西洋镜。韩夫人听别人这样讲，心里也吓得别别跳，只好在心里给男人祈祷："老天爷帮帮忙，看一看就算了，千万不要去碰他们。"

徐寿果然来到了上海。上海被英军攻陷已经两年多了，现在正在大兴土木造新房子。不过洋人造的房子不大用土坯和木料的，都是硬碰硬的大石头，而且气派特别大，外滩沿江边的房子都是这种样子。不过要是稍微多转几个弯子来到南市那一带地方，还是可以看到很多洋人炮火留下来的伤痕，不少墙壁上半边已经炸没了，只剩下墙根高低不平，有些墙头斑斑驳驳，难看得要死。

初到上海，徐寿跟华蘅芳经常是徘徊在十六铺一带，在一些工匠那里发现从未见过的新鲜东西，其实就是洋钉、螺丝、螺帽之类，这大大激发了他的好奇心。后来他听说此地有不少洋人开办的工厂，他就想办法要去参观一下。

有一天，徐寿经过一家洋人开的工厂，厂门口有一块空地，堆了几件西洋机器。有一个年轻的工人正在用一把大铁锤敲打一块钢板。这块钢板上面有好几个凹坑，大概这个工人是想把凹坑锤平。但是他的手法显然有问题，几锤子下去，不但凹坑没有变平，又多出了新的不平的地方。徐寿在一边看不下去了，走上前去拿起锤子轻轻地落下，只是几下就把凹坑给弄平了。工人一边高兴一边也在纳闷：这个人究竟有什么门道？

徐寿的这几锤子正好被在厂门口整理物件的一个洋人看到，他走了过去，对着徐寿竖起了拇指，还掏出五块大洋比画着说，要徐寿留下来。徐寿连忙摇头，表示只想进去参观一下，洋人点头同意了。于是徐寿走进车间，他又看到各种西洋车床、各种工具和各种操作方法，这使他大为好奇，求知欲望也更加高涨。但是怎样才能弄懂其中的道理呢，他和华蘅芳讨论下来，一致认为必须要读西方的格致之书，但是大家都不懂洋文，如何能够看懂洋书？这个难题一下把两人难倒了，他们只好暂且又回到各自家中。

早在1843年的时候，英国伦敦布道会传教士麦都思（Walter henry Medhurst）把一个印刷机构从印尼的巴达维亚（雅加达）迁到上海，建立了墨海书馆。这是外国传教士在上海最早设立的、也是最早使用铅印设备的编译出版机构，而且是中国第一家近

代出版机构。4 年后，传教士伟烈亚力（Wylie）也来到了书馆，成了墨海书馆的负责人。伟烈亚力是个数学家，他聘请了合信（B.Hobson）、慕维廉、艾约瑟等西方学者，以及中国学者王韬、李善兰、管嗣复、张福僖等人。其中数学家李善兰翻译了数学、物理学、矿物学、动植物学、生理卫生学等西方书籍，成为传播西方文化的先驱者之一。书馆的印刷采用铅制的汉字活字字块，用机器印刷。印刷的过程是这样的：

用一台铁制的车床，车床长一丈多，宽三尺。车床旁边安置两个带齿的重轮，一旁有两个人看管印刷，而用一头牛旋转重轮。传递纸张的是两个悬挂着的大空轴，用皮条联络起来输送纸张。每转过一次，纸的两面都可以印上文字，既简单又快速。大约一天可以印刷 4 万多张纸。汉字的字块用铅水浇制出来。黑墨使用明胶和煤油搅捣后煎成。印床的两头安了墨槽，通过铁轴的转动，使墨色印到纸上，浓淡均匀，字迹清楚。

这种用牛印书的机器，中国人闻所未闻，见所未见，真正稀奇得很。于是有人写了一首诗：

车翻墨海转轮寰，百种奇编宇内传。
忙煞老牛浑未解，不耕禾陇种书田。

榜题墨海起高楼，供奉神仙李邺侯。

多恐秘书人未见，文章光焰借牵牛。

诗中的“李邺侯”是指墨海书馆的中国译员、数学家李善兰。

1855 年墨海书馆出版了《博物新编》，这是一本大力传播西方科技知识的书籍。近代西方化学知识传入中国，就是通过英国医学传教士合信所编的《博物新编》。这本书涵盖了天文、气象、物理、化学、动物学等多学科知识，难怪徐寿、华蘅芳见到这本书都爱不释手，徐寿更是大为倾倒，好像自己一下子多活了两百年。1856 年春天，在一艘开往上海的帆船上，除了徐寿又多了个徐寿的儿子徐建寅，韩夫人特意关照徐寿这次出来要把仲虎也带上，好让他这个乡下孩子也见见世面。码头附近的江面特别拥挤，大船小船都在等待停靠，洋轮和洋轮之间夹杂着一些中国的小帆船，就好像几个小孩硬挤在大人中间一样滑稽而不和谐。等了一个多钟头，他们才下了船，走在沿江的马路上。徐寿发现黄浦江边的大房子又增加了不少，门口也多了一些包红头巾的印度兵。徐建寅用手紧紧抓着父亲长衫的衣角，两只好奇的大眼睛却不停地四处张望。

经过简单的安顿，徐寿和华蘅芳马上就出了门。他们一路打听，找到了墨海书局。这是一幢两层楼的洋房，下面是书店，两人径直走了进去。书架上放满了书籍，大多数是圣经之类的基督教读物，也有西方的格致书籍，他们就站在这些书架前欣喜地翻阅起来。

华蘅芳找到一本数学书，连价钱也不看就到账台付账。付完账回到书架，发现徐寿还捧着同样的一本书聚精会神地看着。华蘅芳不免也好奇地凑过去看，原来是《博物新编》，里面有轮船

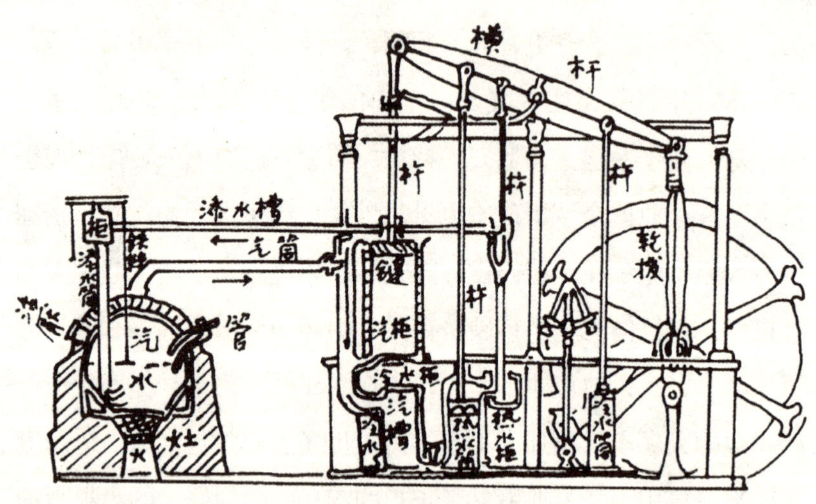

《博物新编》刊载的《海国图志》中手绘蒸汽机气缸图和火轮机图
（选自徐鄂云《清末科学家徐寿的生平与自学成才》）

的平面图和一些部件的结构图，他又赶紧掏钱买下这本书。徐寿自言自语地说，不知道这些书的译员是怎样的人，要是能够结识他们，向他们当面请教就更好了。华蘅芳赶紧打开自己刚刚买下的《代微积十级》，只见扉页上清楚地写着：英国伟烈亚力口述，海宁李善兰笔译。于是，徐寿和华蘅芳就来到账台，徐寿说：“冒昧地打听一下，您可知这本书的译员李善兰先生他在上海吗？”账台先生哈哈大笑地指着上面说：“远在天边，近在楼上。”

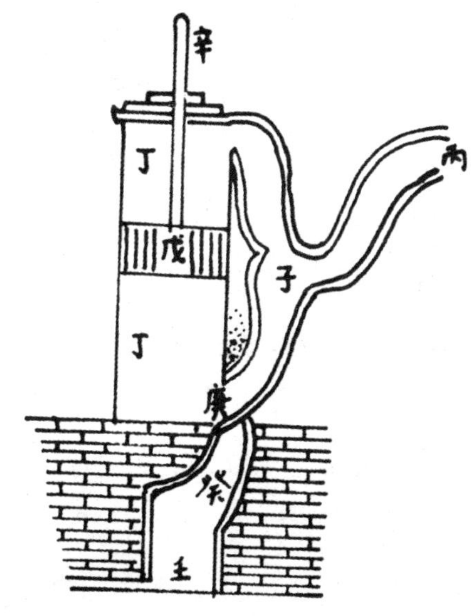

气缸原理图（同上）

两人大喜过望，立刻登上二楼。只见二楼是一间宽敞明亮的大房间，当中有一张西式的长方桌，面对面坐着两个男人、都低着头看书。徐寿上前一步打了个揖：“请问，李善兰先生在这里吗？”有一个人率先抬起头指着对面那人回答道：“他正是李善兰先生。”

看到说话人的脸，徐建寅吓得把头缩在了父亲的长衫里面，久久都不肯伸出头来。徐寿和华蘅芳一瞧，原来是个洋人，不过此人慈眉善目，像是一个好说话的主儿。李善兰赶忙立起身来介绍说："这位是与敝人合作译书的伟烈亚力先生。"听到这话，伟烈亚力也起身作揖道："幸会幸会。"徐寿把徐建寅的头硬转过来，叫他行礼，徐建寅不但没有行礼，还把眼睛睁得滚圆滚圆，好像里面有一团火。

伟烈亚力幽默地笑着对徐寿说："从这个孩子的眼睛里，我看到了贵国百姓的勇敢精神。"

李善兰答道："那是因为贵国政府的一些蛮横做法和贵国同胞的一些不友好行为激怒了我国的百姓，连这么小的孩子都害怕你们。"

伟烈亚力就走近徐建寅，摸着他的头说："孩子你要知道，不是每个洋人都是坏人，也不是每个中国人都是好人，不信，你就问问你的爸爸。"

徐寿对徐建寅点点头，徐建寅这才害羞地笑了一笑。

李善兰找了一本图画本的圣经书籍让徐建寅到一边去看，四个人就在桌边坐下边喝茶边聊了起来。伟烈亚力用生硬的汉语努力向两位客人介绍了几种西方的近代格致之学，还说，西方人钻研格致并不只是读书，而是经常要做实验，建议他们还要买一些仪器回去。徐寿听了以后非常感慨地说：“听君一席话，胜读十年书。我这十年里也看了不少书，对一些具体的物件也懂了不少，但是总觉得不清楚自己要干什么，眼前还是一团迷雾。”

李善兰也摇摇头说：“魏源的《海国图志》刊行十几年了，师夷长技也喊了十多年了，可是眼下国人还是造不出坚船利炮。我们这班人充其量只能干一些基础的事情，干大事还是要有朝廷里的大人领头出面全盘筹措才行啊。你还不知道吧，朝野上下不少人今天还认为格致是什么奇技淫巧。”

徐寿说：“我这些年在外面跑也听说，朝廷里面不太安分，有几位大人正在设计变革之举。我辈回去还是要把格致的学问做好，有朝一日定能报效国家。”李善兰听了点头称是，华衡芳也表示赞同。四人交谈约一个多时辰，才依依不舍地相互道别。

此后，徐寿经常往返于无锡和上海之间，接触到更多、更新的西学知识，对当时的数学、律吕、几何、重学、化学、矿石、汽机、医学、电学等都刨根究底地学习，他已经成了极少数了解西方近代科学的中国人。但是我们绝不可以想当然地认为，只要虚心求学，就可以掌握这些西学的知识。假如徐寿没有经历过十几年对各种器械的亲手操作，光凭读书，他是很难理解这些书上

所讲的道理。这也就是，有那么多的人看到过墨海书馆里的书，但是只有个别人后来成了科技专家的道理。

在上海，他买书买仪器，访友求学，回到家里就动手实验，碰到疑难问题总是跟华蘅芳互相探讨，直到搞明白为止。搞实验买仪器，就要花钱，但是徐寿在这上面从不吝啬，他家里储藏的化学实验用到的瓶瓶罐罐就有一箩筐之多。徐寿的经验充分说明，理论联系实际对于成才的重要性。

这个阶段，在徐家、华家的几个孩子中间也常常发生有趣的故事。有一次，徐寿在家里当众验证静电原理，一旁围了十多个村里的孩子，他们都是被徐建寅喊来看父亲的表演的。只见徐寿先叠一个小纸人，然后用摩擦过的玻璃棒指挥这个小纸人舞动起来，在一旁观看的华蘅芳的弟弟华世芳被逗得也手舞足蹈起来，这或许是促使华世芳日后也成为科学家的一个因素吧。徐寿通过这样的演示，把摩擦生电的知识告诉了这些孩子们。

又有一次，为了搞清楚光线在三棱镜中的折射现象，徐寿把一块水晶印章磨成了三角菱形，放在窗口前的阳光下，大家一个个地仔细端详，发现三角水晶棱镜上面果然呈现出赤、橙、黄、绿、青、蓝、紫七种色彩。

有一个阶段，徐寿对平射的子弹是不是呈抛物线这个问题产生了兴趣。在初夏的一天早上，村里的一块空地上聚集了一大帮子人。徐寿正在指挥大儿子建丑、二儿子建寅，还有从荡口过来的华蘅芳、华世芳兄弟，做一个发射的实验。徐寿在地上画了一条长长的直线，然后沿这条直线树立了一排竹竿，再把事先捉来的麻雀一一绑在竹竿相同的高度上。然后他吩咐华蘅芳负责看怀表报时间，建丑负责记录，建寅负责用弹弓对着麻雀发射泥土搓成的子弹。

徐寿做这个实验是根据这样的思路：假如子弹射出是一条直线，那么前后麻雀中弹的位置应该是相同的。假如子弹射出的是弯曲的抛物线，那么前后麻雀中弹的位置应该是不同的，会逐渐降低，远处的麻雀就不会中弹了。

实验的结果是，射出的子弹只打中了近处的麻雀，远处的麻雀没有中弹。徐寿因此得出结论：平射的子弹走的也是抛物线。从现在的眼光来看，这个实验是幼稚的。因为即使实验能够说明子弹轨迹不是直线，也不一定能得出不是抛物线的结论。而且，子弹没有射中远处的麻雀，重要的原因是子弹在击中前面的目标时已经消耗了部分能量。

但是徐寿通过这样的实验，或者说是游戏，教育了身边的青少年，在他们的心中注入了重视科学实验的理念，这才是最有意义的。

然而在空地的边上，几个男人却远远地隔岸观火，还不时发出呲鼻的声音：

“儿子都快讨老婆了，还上树捉麻雀，这个阿寿也太不像话了。”

“他老婆也不管管，还跟他一道弄，真是嫁鸡随鸡。”

“徐家这是作孽啊，老子儿子都不做正经事，将来家里怎么办？”

只有一个中年人发出了不同的声音：“你们哪一个比他阿寿书读得多，钱挣得多，世面见得多？他这么搞总有他的道理。”

边上的几个人听到这个话，无言以答，只好讪讪地走开了。

6. 国难家难双双而来

正当徐寿和伙伴们沉浸在获取新知的愉快之中时，陆续传来了国家内忧外患的不幸消息。英国侵略军已经到达中国江浙一带，太平天国又攻陷金陵，家乡安危告急。考虑到徐寿是乡亲们中间少数几个断文识字之人，而且见过大世面，村民们公推由徐寿出面组织团练，保卫家园。徐寿心中一方面难以推辞家乡父老的信任，另一方面也唯恐接下了这副重担会影响自己的学业，天天都处在矛盾之中。长子建丑年满 20，已完成婚姻大事。韩夫人不久又生一个男孩，取名华封，小名祝三，正在学步。家庭的快乐还来不及享受，大难却已临头。

咸丰十年（1860 年）四月初七，皋桥被太平军占领，乡民于是设宴犒劳军士以求安宁。却不知，军士们酒足饭饱之后反而抢劫财物，掠走壮丁。徐寿毕竟是个文人，自以为社冈里是个小地方，又不是军事交通要地，应该不会有人惦记，因此并没有安排防务。哪里晓得，初八那天又来了两个带着武器的军人，闯进自家门里直喊着交出银元。徐寿并没有银元可以交纳，于是颈背上便挨了一刀，鲜血直流。建丑见状直扑上去要救父亲，右臂却被砍断，致使建丑落下残疾。两人受伤以后，军士如入无人之地，任意搜索，想要的带走，不想要的就捣毁。

徐寿办了几年的团练，到头来自家遭受如此大难。这倒逼得徐寿打消在家乡苟安的念头，立刻打点行李，带着夫人和两个小儿子外出逃难。大儿子建丑残疾在身不便远行，只好让他看管家园，又命儿媳照顾儿孙，等待时局太平，一家人再图团聚。

徐寿一家四口会同外甥两人正要登船离去，却前后来了两拨人。一拨是团练的乡党，他们感激徐寿为乡里出了很多力，自家

也损失不少，特来给他送行。第二拨人是西漳的张家，他们听说徐寿带着两个儿子要走，赶紧把女儿也送了来。说是既然女儿已经许配你家二少爷，生死都应该跟她的夫君在一起，娘家人不能负责“保管”女儿的任务。徐寿听后也深表同情，于是又加上一个儿媳，一家人便离开了社冈里。

荡口那边，华翼纶也组织了团练，但是也没有能够阻挡住太平军，华翼纶只能带着一家仓皇逃往上海，在虹口的鸿祥里租房住下。稍后，徐寿一家也到了上海，住在老西门附近的斜桥。徐、华两家为躲避战乱都选择了背井离乡，都选择了来到上海。徐寿自从在无锡成名以后，积累了一些资金，自己买了船，来往于无锡和上海也比较方便，但是在外面的时间比在家乡的时间多得多。这一方面说明上海这个近代文明的大都市对追求知识的人具有强大的吸引力，另一方面也说明徐、华两家在共同的人生追求当中结下了生死友谊，在中国科学史上留下一段佳话。他们的身后，有杨模撰写的《锡金四哲事实汇存》一书，披露并褒扬徐寿、徐建寅父子，华蘅芳、华世芳兄弟的事迹，此书出版于 1901 年，现存于无锡市图书馆。

放飞自强的梦想

1. 安庆城头换了旗帜

徐、华两家离开家乡都先来到上海，不久又都去了安庆，在那里完成了他们人生当中一件最重要的开端之举，也书写了中国轮船历史的第一页。所以我们有必要先说一说安庆。

安庆位于鄂赣皖三省交界处，自安徽建省以来一直是省会城市。它是长江下游北岸的军事重镇，太平天国的粮仓和西部屏障，一度成为湘军和太平军争夺的重点。安庆也是南京上游最后的一个大城市，太平军如果失去安庆，它的首都天京（南京）的陷落也就是早晚的事情了。曾国藩说："安庆一战，关系淮南全局，将来即为克复金陵（南京当时也叫金陵）之本。"早在 1859

年，曾国藩就精心制定了一个从四路出湖北攻安庆的策略，并亲自督军完成对安庆的战略合围，还任命曾国荃担任进攻安庆的主将。安庆战役在“剿匪”战争中是值得评点的战例，就让我们略略荡开一点笔墨吧。

咸丰三年（1853年）正月十七，号称百万的太平军乘坐铺天盖地般的帆船，扬着接天蔽日般的旌旗，顺江而下，浩浩荡荡进入安庆。三天之后却又放弃安庆全部向东而去。仅仅三天，城里的许多宗教建筑遭到毁灭性破坏，在太平军看来，只有他们的宗教是正教，别的什么宗教都是异教，统统没有存在的理由。

太平军来了又走后，清军就接踵而来。转眼就到了夏季的八月，在这个永远都是炎热的季节，安庆的百姓却碰到了更加难耐的夏季。太平军的翼王石达开率军又一次攻占了安庆城，这次他没有很快就走，而是采取死守的策略，把五个城门中的四个都封死，还在外面加筑了子城，只留一个康济门让担水的人们可以进出，显而易见，他不打算把安庆人都渴死、热死。安庆成了一座死城在暑夏里喘息。

八年之后曾国荃攻克安庆采用的却是围而不攻的战略，好像回应了当年石达开的战略，你封城我也锁城，看谁更有后劲。老百姓吃的苦那叫一个深啊，很多人家都断了粮，孩子们嗷嗷待哺，大人们也有气无力，太平军自己也已经几乎被拖垮。

这样对峙了一年多，也发生了不少可歌可泣的动人故事，其中有一则就在城北的集贤关附近横水塘那儿。这时候，安庆外围前来救援的太平军英王陈玉成，派了 20 名士兵乔装打扮成老百姓混入城中，刚到横水塘这儿就被清军发现。于是他们赶紧躲进塘边的一户农民家中。清军对农家进行了搜索，一无所获，就对村民拷问折磨。太平军士兵看不下去就挺身而出，与清军展开激战，终因寡不敌众全部牺牲，鲜血染红了横水塘。为了悼念这些心中装着百姓的战士，横水塘从此就改叫了红水塘。

一年多的围困终于在咸丰十一年（1861 年）八月初一那一天有了结果。湘军在城西的马山那儿挖掘一条地道直抵北门的墙根，伴随着地雷的一声轰响，北门的城墙被炸开，湘军便蜂拥而入很快控制了全城。登上城墙的清军看到了不可理解的奇怪现象：守城者因饥饿而倒地，完全丧失了抵抗能力。军官为了防止士兵逃跑，把士兵们的手臂跟城上的炮架子捆绑在一起，这会儿人们见到了清军，也只是纷纷跪地求死而已。这一仗，太平军守将吴定彩、叶芸来及将士两万人战死。住在龙王井附近的太平军家属见大势已去，也无奈地蜂拥着跳到井里。这到底是怎样的一场战争啊，胜负对于普通的人们来说究竟意味着

曾国藩（选自《辞海》第六版彩图版，上海辞书出版社2009年9月出版）

什么，生命对于他们来说又有什么样的意义，谁能回答他们心中这样沉重的问题？

在安庆城中，只有一个人私藏了五石米在屋顶，其他地方简直再也找不出一颗米来。甚至更有“人肉价至五十文一两”的人间惨象。

但是在东流曾国藩的陆军大营，曾国藩正兴奋地给弟弟曾国荃写信：

沅弟左右：

郭弁到，接喜信，知本日卯刻克复安庆。是时恰值日月合璧，五星联珠，钦天监于五月具奏，以为非常祥瑞。今皖城按时应验，国家中兴庶人有冀乎！

此间银不满六千，欲凑万金犒赏将士，弟处可设法办得四千金否？

看来曾国藩还是个爱兵的统帅。八月初七，战火的硝烟还没有散去，已经升任两江总督的曾国藩便率部从安庆对岸的东流抵达安庆，来接收他的胜利果实了。曾国藩认为安庆地处濒临长江的适中地段，实为兵家必争之地，于是把总督府设在了倒扒狮街原太平天国的英王陈玉成的府邸太史第，安安定定地谋划起如何最终打败太平天国。

2. 安庆和“洋务”

从 1851 年洪秀全金田起义，到 1864 年天京（南京）失守，太平天国在中国大地上演了一幕长达 13 年的动荡、血腥的历史活剧。19 世纪 60 年代以后，太平天国运动加上捻军起义波及半个中国，帝国主义列强又屡屡侵犯中国，内外交困的局面威胁着清朝的统治。阶级矛盾和民族矛盾错综复杂地交织在一起，真是剪不断，理还乱。

站在太平天国农民军的立场，说曾国藩是个镇压农民起义的刽子手并不为过。但是他在讨伐太平军的过程中意识到了引进和掌握西方科学技术的重要性，较早在自己的部队中使用西洋的新式武器，他认为这样做，既能够解决内患，又能够从长远着想抵御外侮。

在这样的过程中，清政府内部分化出一批主张学习西方科学

技术、引进机器生产的有识之士，也就是所谓的洋务派。

洋务派的代表人物在中央朝廷一级的，有恭亲王奕䜣、大学士桂良、户部左侍郎文祥等人，他们主要做了制定大政方针、批准人才任用、监督实施洋务的事情。

洋务派的第二个层次属于地方大官要员一级的，有曾国藩和曾国藩的弟子李鸿章、左宗棠、张之洞等人。他们主要是策划谋略、发现并招揽洋务人才。洋务运动的实际推动者差不多就是这一部分出身汉族大地主的清军统帅、地方官员、封疆大吏，他们不但具有“洋务”的思想，还努力实现“洋务”的“工程”。

第三个层次由各界社会贤达所构成，主要发挥宣传鼓动的功能并承担一些具体的事务，有容闳、薛福成等人。

第四个层次就是科技精英，他们负责具体项目的规划咨询和技术攻关，有徐寿、华蘅芳、徐建寅、华世芳等人。

说起这“洋务”的最初动机，当然是并不光彩的，不过是要利用西方的先进武器来强化清军的战斗力，更有效地对付中国的反政府力量——镇压老百姓而已。不过，在半殖民地、半封建的中国，增强政府军的力量客观上对反抗外国压迫和侵略是有好处的。在对外战争中，中国的刀枪弓箭同西方的坚船利炮相比相形见绌，自然地激发起国人寻求自强之道。在洋务派人物看来，中国传统的文化思想、典章制度之类是远远优于西方国家的，只有武器不如洋人。因此，他们接受了近代早期的改革家林则徐和魏源“师夷长技以制夷”的思想，认为自强之道应该先从“练兵”、“制器”开始。19世纪60、70年代的洋务运动主要就是训练新军和建立近代军事工业，模仿西方建立兵工厂制造枪炮和兵船，装备军队。

李鸿章在同治元年（1862年）写信给曾国藩，说咱们中国的兵器装备跟外国人比起来那真是相差太多了，可耻啊！所以我每天都告诫我的将士们要虚心学习，哪怕是忍辱负重也要学会洋人的一两门秘法，这对中国的将来一定是有用的。

李鸿章（选自《辞海》第六版彩图版，上海辞书出版社2009年9月出版）

后来，李鸿章又写信给总理衙门，提出要专门开设一个新的科举科目，以西方先进科学技术为标准来选拔人才。这个“胆大妄为”的想法大大地挑战了中国传统的儒家文化体系，有可能动摇封建思想和体制的基础，也是和传统的靠八股考试录取读书人的制度格格不入的，封建君主怎能接受这样的主张呢？

在一些地方，当地官员和士绅也开始总结中国制造兵器的经验、学习西方新式武器的制造方法，同样也没有得到朝廷的重视。

于是曾国藩这帮人只好退而求其次，一方面选派年轻人去西方留学，另一方面在国内努力寻找“制器之人”，也就是能够仿造西洋武器的人。咸丰十一年（1861 年）的夏天，曾国藩就给朝廷上了一道折子，说明自己的主张。他说，西方人的轮船那叫一个快，西方人的炮那叫一个远，英国人和法国人老是拿这两样东西洋洋自得。而我们中国人却连看也没看见过，真正太遗憾了。如果我们能把这些好东西也买来一些变成自己的，再找些能工巧匠去学习、去仿制，只需一二年，我们定能拥有自己的火轮船和自己的枪炮。他还认为，只要我们中国人有心的用心，有力的出力，就没有什么不能掌握的技术。

这就叫舆论准备吧，洋务派们不仅要改变自己的观念，也要给太后皇帝们洗洗脑子，好取得他们的支持，要不然，事情还真不好办。

太平天国战事的演变推进了洋务派们计划的实施。咸丰十一年（1861 年）八月初一那一天，湘军统帅曾国藩手下悍将曾国荃率领湘军攻克了安庆。

曾国藩虽然是湖南人，但他向来喜欢以桐城派弟子自居，有一副国学大师的派头。安庆是清朝古文运动“桐城派”的故乡，是大名鼎鼎的文化之乡。到了这么一个地方，当然也是要成就另一番事业的，这就是招贤纳士，网罗人才充当自己的幕僚。曾国藩从军事需要出发，首选安庆作为湘军的大本营以及军工科研和制造战船的基地。这本来也算不上什么特别伟大的事情，三国时的曹操大概比他曾国藩更是求贤若渴的。然而，三国时的曹操毕竟不能跟晚清的曾国藩相提并论。在中国，一向重视军政人才、而轻视科学技术为“匠学”的传统，已经快要走到尽头了，科技人才破天荒地进入了封疆大吏的视野，这是曾国藩的进步，更是历史的进步。

来到安庆后，曾国藩就派人四处访寻技术能人。于是，江苏巡抚薛焕打听到了无锡人徐寿、徐建寅父子和其同乡华蘅芳，把他们送到了曾国藩的帐下。

同年的十月二十日（1861 年 11 月 22 日），曾国藩向朝廷上交了奏折，奏请允许调周韬甫六人到安庆军营。他以“精研器数，博学多通”为由保荐徐寿和华蘅芳，但徐寿什么头衔也没

有，只是个乡间布衣。从这里也可以看出，曾国藩的眼光不一般，他有超前的思想意识。

那一年的秋天，徐寿带着韩夫人和两个儿子来到了安庆。他穿街走巷为全家寻找栖身之地，由于连年战乱，城里已是残破不堪，好不容易找到了一个勉强可以居住的地方。安顿下来之后，徐寿马上赶到曾国藩的总督府。他眼里的总督大人是一派儒将风度，说话和颜悦色，很有亲切感，徐寿心头的忐忑立刻就烟消云散了。

曾国藩一见到徐寿，先问了他的家庭，接着就仔细询问他的学习经历和技术专长，并问能不能仿制小火轮。徐寿是一个乡野之人，哪里有过造船的经验，当时就如实禀报。还把造船先要造蒸汽机的道理说了一遍，再把蒸汽机的原理、轮船构造和轮船外部轮廓特点等都做了简要介绍。曾国藩听得非常认真，频频点头。

当时的曾国藩和整个中国都非常需要近代的轮船。太平军通过他们的宗教关系租到一艘法国汽艇，在长江上运送军粮。军船驶过水面，激起两道白色水花，使得附近的帆船摇摆不稳。这情景曾让曾国藩无法释怀，他知道若是想拥有自己的快船，无论是向西方买船还是租船，都要花费大笔银两，请西洋匠师前来造船修船花费可能更大。而曾国藩又是最恨外国人专揽制器之利的，他一直想不求外人，而靠中国人的力量造出快船，所以对徐寿等中国匠师寄予很大的期望。

跟随徐寿一同前来安庆的徐建寅当年只有17岁，这个孩子真有一股初生牛犊不怕虎的精神，他在一旁极力怂恿父亲把这个重任承担下来，于是徐寿便向曾国藩“呈请自造轮船”，曾国藩随后予以批准。中国的造船业从此翻开新的一页，它也点燃了曾国藩、李鸿章洋务派们建设中国海军水师的理想之光。

6个人当中曾国藩特别欣赏徐寿，未免对他多有几分爱惜，称他为“才能之士，能通晓制造与格致之事者”。担任曾国藩机要秘书的赵烈文也是这6个人当中的一个，他在日记中对这件事情做了记录。

> 我接到了长官的通知，知道自己也在被保举之列，理由是博览群书、关心时政，我感到不胜荣幸。另外还有五位是周韬甫、方元征、刘开生、徐寿、华蘅芳。徐寿，字雪村，无锡人，是个能工巧匠，我一向跟他熟识。华蘅芳的长辈华蝶秋，我也早有耳闻，华蘅芳本人多才多艺，也是个能工巧匠。

可见，这6人之中的徐寿、华蘅芳两人是最有才能的。曾国

藩结识了这两个人以后十分欣喜，当即委任两人为自己的幕僚，主持轮船的仿制工作，还勉励他们“勿存畏怯，耐心试造。凡需造船材料及设备，尽可索用”。

除此之外，陆续列入聘请名单的还有当时好几位全国著名的科学家和工程技术人员，比如黄冕、丁杰、龚之棠（也有人叫他龚芸棠）、冯浚光、张斯桂、李善兰、吴大廷、张文虎、容闳等。他们有的是造炮名家，有的是理科高手，有的擅长制造机器，有的是翻译家。其中李善兰是著名的“李善兰恒等式”的发明者，他的成就已为世所公认。全国人才的精华几乎都汇集于此，安庆也成了近代中国军工技术的研究中心。

曾国藩网罗这么多的高人来到安庆、来到自己的麾下，为的就是要组建安庆军营内军械所，简称安庆内军械所。他希望内军械所利用西方先进的科学技术制造先进的枪炮轮船，增强湘军的军事实力。这个想法可以说是出于自私的目的，但是这个庞大的保举行动却不能不说是一个大手笔。实际上，安庆内军械所成为洋务运动中最早的一所官办军工厂，也是中国依靠自己的力量设立的第一个近代军事工业机构，它也为中国近代工业拉开了大幕。集中这么多的科技人才，一定能干出大事，也一定能在某种程度上改变中国的面貌。

其实在曾国藩之前，已经有林则徐、魏源等人提出“师夷长技以制夷”的口号，主张学习借鉴西方的科学技术，但是没有得到朝廷的重视。直到英法发动第二次鸦片战争，中国又一次遭到重创之后，清政府才关注起近代军事工业的建立。咸丰十年十一月初八（1860 年 12 月 19 日），曾国藩以“师夷智以造炮制船，尤可期永远之利”的主张上奏朝廷，终于得到恭亲王奕䜣、大学士桂良、户部左侍郎文祥的支持。同年十二月十一日（1861 年 1 月 21 日），这几个大臣联名向咸丰皇帝提出购买和制造洋枪洋炮，并聘请外国技师的建议，三天后，咸丰皇帝才发布了清政府第一道向西方学习近代军事工业的圣旨：“佛夷枪炮既肯售卖，并肯派匠役教习制造，著曾国藩、薛焕酌量办理。”得到了皇帝的谕旨，曾国藩这才敢去放手操办。不过，严格地说，在曾国藩之类的封建大员的内心深处，现代化的力量并不是很强大的，他们不可能真正认识到西方的科技强于中国，他们的“师夷长技”也只

奕䜣（选自《辞海》第六版彩图版，上海辞书出版社 2009 年 9 月版）

是权宜之计罢了。

徐寿这里，住房和工作都已落实，正准备着大干一场的时候，却不料韩夫人竟然病倒了。或许是长途跋涉、劳累困顿，或许是积年辛苦调养不足，这场病来得又突然又严重。徐寿虽然给她请了医生，用了好药，无奈已是回天无力，韩夫人就此撒手西去。这18年间，徐寿得到夫人的悉心照顾，在工作上也得到夫人的理解和支持，他们同甘共苦，相濡以沫，感情深厚。这一次的丧偶实在是对徐寿更大的打击，想想自己事业上已经步入正轨，夫人竟不能同自己共享哪怕是短暂的欢愉。痛不欲生的徐寿于是在内心深处立下誓言，今生今世再不续娶，愿韩夫人的形象永存心间，这也就是所谓“不二色”的意思。

3. 安庆内军械所

曾国藩的强军计划是个一揽子的计划，包括建立机器局造机械动力船、新式枪炮和新式火药炸药，操办团练等。咸丰十一年（1861年）年底，安庆内军械所成立。内军械所主要任务是试制火轮船，并在全国率先制出了“坐劈山炮”，又称西式开花炮、西瓜炮，能在半空炸裂，据说这种炮在军事上的功能相当于今天的导弹。早在鸦片战争期间，林则徐的部队已经用上了中国炮师丁拱辰用手工制造出来的铁炮，但射出的是实心弹，只有安庆内军械所造出来的是开花弹后膛炮，威力相当大。

与军械所相关的制造机构还有子弹局，自造土枪子弹和土炮弹；火药局，制造火药和炸炮，即洋炮，又叫开花炮弹；枪炮局，制造土枪，又叫鸟枪、小枪，还造劈山炮。火药是易爆易燃物品，生产与装填应该绝对分开，因此，火药局等三个局跟军械所在专业上是并列的关系，而不是隶属的关系。

此外还设有谷米局、善后局、百货厘局，这三个机构是为军工生产提供后勤保障服务的，可见曾国藩的心思缜密。

曾国藩又正式委任候补道丁杰担任火药局洋炸炮督造委员，委任湘军水师巡湖营提督蔡国祥担任火轮船督造委员。也就是说，曾国藩为他的一揽子计划配备了相应的管理人员，这种管理也包括服务，使得安庆内军械所等机构带有了相当的现代化意义。不过，建成后的内军械所规模并不大，而且是以手工仿制为主，工人也不多。

有意思的是，号称中国近代第一个军工综合体，它的几个重要机构的所在地竟然没有留下确切的记载。笔者百里迢迢来到安庆，在市立图书馆查阅了《怀宁县志》（安庆旧称怀宁）等资

料，也只是得到一些根据历史资料分析后建立起来的观点。根据《怀宁县志》的记载，“制造局在鹭鸶桥，光绪间官立，旧在金保门外，今工艺厂。修理军装器械一切事宜，附设军械库”，可以认为内军械所的位置，就是位于金保门外新河湾北岸的大王庙一带，也就是德宽路上的老染织厂厂址。笔者冒着38℃的高温来到老染织厂旧址，的确看到残留着的十数米高的山体。内军械所是最重要的军工厂，带有一定的保密性，建在城外的高地应该是合

安庆老染织厂内旧安庆内军械所遗址（任丽青2013年8月11日摄于安庆老染织厂旧址）

理的。

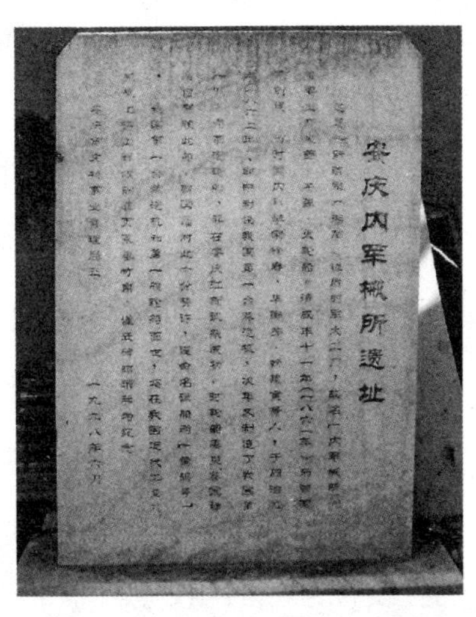

安庆军营内军械所遗址碑（任丽青 2013 年 8 月 10 日摄于安庆迎江区政府院内）

火药局，原在枞阳门内新塘中央，就在今天的人民路小学。火药局原有蓄水池，即新塘，已经保存很长时间了。但是在改革开放以后城市建设的大潮之中被填掉了，具体理由是可能危害孩子们的安全。市文物局考虑到这个遗址的重要性，于 1998 年 6 月在原地立了一个碑，如今可以从迎江区政府院内的一个小门中进去看到，不过要跟管门的师傅打个招呼才能进去。

当年年底，曾国藩给自己亲手创办的军工机构命名为“安庆军营内军械所”，简称“安庆内军械所”。在较长的一段时间内，这个机构曾被误称为“安庆军械所”。这个被漏掉的“内”字其实是大有讲究的。

其一，内军械所的资金来源并非直接来自朝廷，而是出自湘军内部。

其二，所产军工产品全部供应湘军，以及湘军的分支楚军和淮军，并不提供给其他官军。

其三，技术力量全部来自国内，工人的一部分从湘军中选拔。内军械所创立之时，正是朝廷准备向英国购买军舰筹建舰队的时候。朝廷本来准备聘请英国海军军官阿斯本担任舰队指挥，但却遭到英国政府百般刁难，最后舰队没有建成。当时为了组建舰队招收的约 200 名士兵后来也成了内军械所的工人。

其四，安庆内军械所使用的机器几乎全部都是国内的机器，而且没有聘请外国技师。

安庆内军械所也是一个封建意味浓厚的官办企业，它的产品只供应军需，而并不进入流通领域。但它同时也带有某些资本主义因素，比如说，工人来源一部分是调拨，一部分是招募；工薪方式分为包工和点工两种，以计时或计件支付报酬，他们是按劳付酬的新型工人。

4. 美丽的长江边上

徐寿等人在安庆内军械所的主要科技贡献就是试制出了中国的第一台蒸汽机和第一艘火轮船（机动轮船）。

船在水流中按人的意志航行，主要是依靠推进和操纵设施。最早的船舶推进装置是篙和桨，后来出现了橹。再后来就是进一步地利用自然风推动船舶前进，那么，风帆的发明就可以说是古代历史上带有里程碑意义的发明了。近代船舶的推进装置发生了革命性的变化，那就是西方人发明的蒸汽机。轮船的动力设备蒸汽机代替了手工工具，获得了不可比拟的强大动力，也最大限度地降低了对风向、洋流等自然条件的依赖。以蒸汽机为动力的轮船时代的到来，不仅是一场技术革命，同时也是引发各种军事、经济、文化和政治变化的导火索。中国人在这方面已经大大落后于西方，中国人必须尽快迎头赶上。

许寿他们必须先造出蒸汽机，然后再造轮船。这个开创性的工作大致可分四个阶段。

第一阶段，试制蒸汽机模型。早在十多年前，徐寿就从《博物新编》一书中了解了蒸汽机和锅炉动力的原理，书里把蒸汽机分为“高机”和“低机”两种，还配有几个部分的剖面图，通过这本书他们大致知道一些机器制造工艺知识和轮船制造的知识。现在，为了尽快试制出蒸汽机，徐寿又跑到上海华蘅芳的家中，把当年购买的《博物新编》带回安庆。大家聚在一起，把《博物新编》和魏源写的《海国图志》里面一些介绍蒸汽机和火轮船的

文章，包括一些图纸做对比分析，尤其是对何卜森（Hobson）博士翻译的《蒸汽机简述》进行了认真研究，并获得很大启发。

但是仅凭这些知识是远远不能够造出蒸汽机的。为了完成第一步的任务，他们内部做了分工，徐寿负责最主要的动力设备的创制，华蘅芳在绘图、测算和动力配置方面协助徐寿。徐建寅也充当助手，经常贡献一些奇思妙想。当年徐建寅还只有 17 岁，他从小继承了父亲的衣钵，爱好西学和技艺，后来也成为著名的近代科学家。不过当时以他的年龄和资历，曾国藩是不会把他也列入招募名单的，那么是父亲有意把他带到内军械所里经受历练，还是他自己吵着要来见一番世面、干一番事业，人们就不得而知了。

即使是制作蒸汽机模型，也面临很多困难。主观上，没有现成的外国模型以做参考，也没有外国工程师的指导；客观上，这个地方根本没有现成的机器设备。来安庆之前，徐寿想象曾大帅的工厂应该是有一些西洋机器的，到了现场才知道，连一台外国机器都没有，只有十几座打铁用的锅炉，还有炉灶和榔头、火钳等少量工具。徐寿只能依赖自己一向随身携带的几件英国制造的手工工具做底子，先用手工或手摇脚踏的方法造出一些比较复杂的工具。在这个过程中，徐寿 20 多年练就的精湛手艺发挥了巨大的作用，不少机器零件都是徐寿用手工工具制作出来的。

除了机器和设备，工人也是重要的因素。近代化的机器需要有具备相当技术素质的工匠来完成，而这个厂子里的工人们都是从各地招募来的铁匠、木匠，还有蔡国祥带来的湘军士兵。所以，徐寿还担负起培训和操练工匠的任务。在这里，可以说，一切都是从头开始。也正因为如此，这一段历史才有了永载史册的光荣和价值，这些辛勤奋斗的人也才会被尊为科技精英、科学家而青史留名。然而在当时，他们无暇多想，就连自己居住的这座城市，他们也没有真正地走近。

这时候正是初春时节，徐寿和华蘅芳等人在军械所大干苦干的时候，自然界慷慨地呈现出她最美丽的面貌，安庆也向这几位科技精英奉献水城的所有魅力。

安庆三面环山，南临长江绵延十多里，是一座地道的水城。安庆的老百姓有一句老话，说安庆城周长只有九里十三步，不过是长江水道上鼓出的一个山包包而已。城虽然不大，但是很有水的味道，很热闹。明代状元刘若宰向崇祯皇帝描绘安庆时用过这样的句子："日有千人作揖，夜有万盏明灯。""千人作揖"形容安庆江面船只众多，船夫划桨动作整齐，如同作揖。

长江边的迎江寺，古称万佛寺，是长江沿岸名寺，名僧辈出，香客不绝，文人雅士常集。据说北宋年间，有个僧人叫涵万，他外出朝拜名山路过安庆。他看见此地依山傍水，风景清幽，便想结茅安禅，劝募建庙。经过四年的努力，寺庙于开宝七年（974年）建成。后来因为历代遭受战乱，寺庙破坏严重。又有两位老和尚先后募捐重新修建，寺庙才逐渐形成丛林规模，成为名刹。乾隆皇帝和慈禧太后也仰慕迎江寺名声，先后为迎江寺题写“善狮子吼”、“妙明圆镜”的匾额。

寺内建有振风塔，在全国108座砖石结构宝塔中位居第二，历来就有“过了安庆不看塔”的说法，为万里长江第一塔。振风塔建于明代隆庆四年（1570年），原名万佛塔，为长江流域罕见的迎江七级浮屠，塔高72.74米。江船驶向安庆的时候，远在十里以外就可遥见塔顶。宝塔远看就像一个直立的圆锥体，挺拔秀丽，气势雄伟。走到近处观看，它是个砖石砌成的楼阁式建筑，嵌空玲珑、庄重华美。迎江寺大门两边还各有一个铁锚，重约三吨，这是有别于海内外寺庙的独特之处。民间传说安庆地形如船，塔为桅杆，若不用桅杆巩固，安庆城就会随江东去，故而设之。

早在东晋的时候，诗人郭璞就有“此地宜城”的评语，于是，安庆又有了“宜城”这个别称，她实在并不辜负这个称呼。

安庆振风塔（选自安庆地图，“文革”期间印刷）

安庆的北面是颇负盛名的大龙山和独秀峰。大龙山山势雄伟，秀嶂叠峙，蜿蜒似龙，故名大龙山。独秀峰四周松杉环绕，清净幽雅，山下埋葬着中国共产党的早期领导者、“五四”文学革命的干将陈独秀。陈独秀也说过一句话：“安庆是天下最好的码头。”可见，只要是文人来到安庆，个个都会喜欢上安庆。历代文人墨客给安庆命名了十二处名胜，就是：石镜涵空、龙山晓黛、杏村春色、百子晴岚、冶峰青霭、瀼溪环曲、海门夕照、石门秋泛、菱湖夜月、大观远眺、雁议渔灯、塔影横江。

“五四”文学革命的倡导者和国学大师胡适也曾来安庆讲学，做了“国语运动与国语教育”、“实验主义”、“学生运动”、“女子问题”等讲演。离开安庆的时候，胡适站立在客轮的舷栏之旁，面对渐渐消失在暮色之中的安庆，感慨万千地写下几首短诗，留下“东有迎江寺，西有大观亭，吾曹不努力，负此江山灵”的诗句。

出身于江南水乡的文人徐寿，面对安庆这样水灵灵的美丽城市，绝不会无动于衷的，况且他也曾经是个文学青年。他在西门外的小山岗上也一定看得到江南江北的景色，但是此时的他更有“吾曹不努力，负此江山灵”的想法。

当时的安庆内军械所里，工作上的停顿已经使徐寿完全没有心思去欣赏大自然的风光，也没有工夫去享受安庆老城惬意的生活。他经常是日也思夜也想，依然是“苦无法程”。但是他想到自己既然已向曾国藩做过保证，那么不管有多少次失败，也要拼命达到成功。这时候，他的心中已经有了一幅技术蓝图，但是最后还缺一个关键步骤，就是要亲眼看一看，西式的蒸汽机真实的运转情况。

如何能够看得到外国轮船里机器运转的情况呢？自己在上海市虽然无数次看到过外国货轮，但是并没有找到机会进入轮机房一窥究竟。一筹莫展的徐寿陷入了深深的苦恼之中，他不免多次徘徊在长江边上。不知道多少个清晨和黄昏，徐寿默默地站立在港口边上，目睹一艘艘外国轮船驶来驶往。

近代以来，外国轮船经常出现在安庆江面，城里居民每天都能听到大轮码头“拉位子”的声音。“拉位子”其实是一种非常形象的说法，因为那时的码头虽然要停靠许多轮船，但是却还没有趸船用来停靠船舶。这时候驶来的轮船只好鸣响汽笛，一来是要告诉港方我船已经停好，二是显示我船停泊的位置。譬如美国旗昌轮船公司的客轮就只能在江面停泊，再通过“拉位子”通知港口管理方。所以，徐寿认为，只要持之以恒，总会找到登上轮船的机会。

有一天，徐寿和华蘅芳照例又来到江边寻求灵感。他们边看

边聊，不觉就来到大观亭旁。十二景中的大观亭是老城历史记载中最早的名胜古迹，它气势巍峨、声名远扬。登上大观亭远望，只见大江东去，浩浩荡荡，江南烟树，淡如墨画，令人顿时心胸开阔。登上大观亭一睹妙景的文人墨客多得不计其数，现代著名作家郁达夫曾以安庆为背景，创作三篇小说，其中一篇为《迷羊》，作者写道：

> “原来这大观亭，也是A城的一处名所，地下有明朝一位忠臣的坟墓，上面有几处高敞的亭台。朝南看去，越过飞逸的长江，便可看见江南的烟树。北面窗外，就是那个三角形的长湖，湖的四岸，都是杂树低冈。那一天，天色很清，湖水也映得格外的沉静，格外的蓝碧。我走上大观亭楼上的时候，正厅及槛旁的客座已经坐满了，不得已走入间壁的厢厅里，靠窗坐下。在躺椅上躺了一忽，半天的疲乏，竟使我陷入了很舒服的假寐之境。”

徐寿和华蘅芳这天似乎也有了一点雅兴，他们漫步拾级登上亭子，举目眺望。这天正好是个阳光灿烂的日子，能见度约有20里，而且空气清新，毫无污染。他们的目光从江南望到江心，又

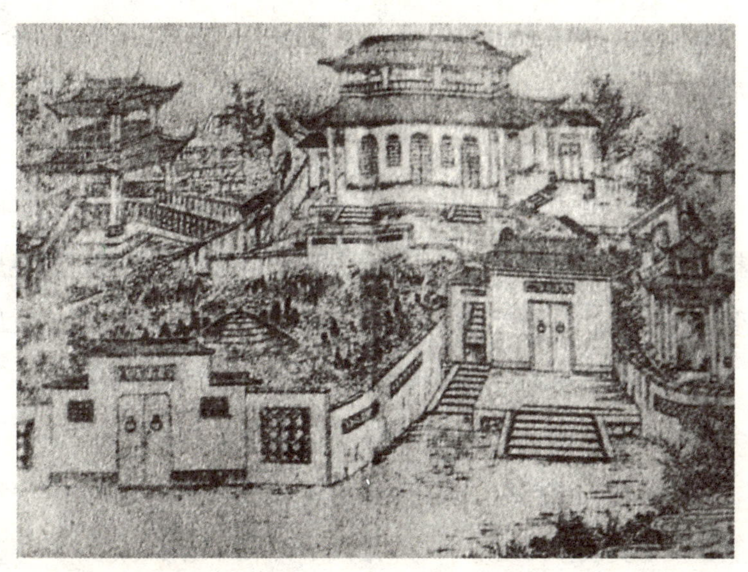

安庆大观亭（选自张健初《皖省首府——老安庆》，黄山，黄山书画社2006年5月出版）

从江心望到眼下。忽然，华蘅芳大叫起来："哎呀，你看，那是一艘啥个船呀？"徐寿赶紧也朝下游方向望去，确实看到一艘洋火轮。这又有啥稀奇，安庆江面上出现洋人的火轮也有几十年了，太平军和湘军、淮军都有不少洋火轮，总会在安庆经过。可是船虽不少，要想登船却并不容易。洋人的船不用说了，太平军的船也是登不得的。只有碰到湘军或淮军的船才有上船的可能，这艘从下游驶来的会是什么船呢？

他们目不转睛地盯住这船，约莫过了十多分钟，他们终于看清甲板上站着的是中国人，他们穿着一个式样的衣服，身上带着武器，一定是一艘军船了，而且应该是清军的船。他们便三步并作两步跑下亭子，来到江边，对着轮船拼命挥手。他们这样拼命挥手，船上的人能知道他们的意思吗？多数是不知道，只能是徒劳一番而已。华蘅芳到底年轻十多岁，脑子也灵活一些，就从腋下抽出随身带来的一本书向着轮船挥手。这一招还真管用，不一会，甲板上走出一个当官模样的人，朝他们两人仔细注视了一会，随后，轮船就拉响了汽笛，慢慢靠了岸。徐寿和华蘅芳快步上船，一番交谈才知正是李鸿章给淮军买来的英国火轮船。

徐寿把内军械所的情况和需要观摩轮船蒸汽机的要求向那军官做了说明，幸好得到了允许。在这艘英国轮船里，他们终于看到了船用蒸汽机的真实工作情况。在光线暗淡的机舱里，他们看见了那个庞大的机器。大大的铁筒上有许多大夹子一样的东西在颤抖、在跳动，带动两侧圆圆的大铁轮子转动，发出轰轰作响的声音。

他们兴奋异常，仔细琢磨，又是记录又是画图，忙活了整整一天。下船以后，徐寿发明并改进了一些工具，又亲自监督工人造出来，做好了一切必要的准备工作，试制蒸汽机的工作这才正式动工。有了很多前期的工作，很快，蒸汽机模型制作完成，时间是同治元年（1862年）六月二十八。

这个模型采用了锌合金的材料，气缸直径一寸七分，引擎速度每分钟二百四十转。这真是工程技术人员心血凝结的结果啊！为了这个模型，他们废寝忘食，每次遇到难题只有解决了才能安睡。他们所用的设备也全都是用高超的手工工艺完成，绝没有使用一件外国的工具。

这一天，赵烈文、周韬甫、杨泳春等人应邀来到了实验室，他们观看了蒸汽机模型以后都欣喜地认为，这台机器与西洋机器相比没什么两样。

七月份，工匠们把蒸汽机模型抬到了曾国藩的总督府，当地的大小官员也一同前来参观机器的操作。曾国藩一本正经地穿着朝服，上身罩着一件两宫皇太后赏赐他收复安庆立下功劳的黄色马褂。徐寿和华衡芳先介绍了研制的经过，他们两人都很消瘦，喉咙也是嘶哑的，但是精神却很饱满。蔡国祥也不时地插话，补充一些细节。

听完汇报以后曾国藩示意开机，这时候，鞭炮和锣鼓都响了起来。土制锅炉中的水烧开，变成了蒸汽，不断进入蒸汽机的气门，产生能量，带动杆轴转动。徐寿亲自拨动开关，刹那间，圆

轮的旋转声就和机器的响声交织在一起，院里顿时充满了美妙的、众人从来都没有听到过的交响音乐。大约一个小时后，操作表演顺利完成。曾国藩虽然是个机器方面的外行，但是这个机器上面有他的强军梦想，有他任用贤能的一番心血，所以，他同样看得很认真，并在日记中对机器做了细致的描写：

“中饭后，华蘅芳、徐寿所作火轮船之机来此试演。其法以火蒸汽贯入筒，筒中三窍，闭前二窍则气入前窍，其机自退而轮行上弦；闭后二窍则气入后窍，其机自进而轮行下弦。火愈大则气愈盛，机之进退如飞，轮行亦如飞。约试演一时。”

可见曾国藩对机器是满意的，他觉得，外国人的聪明和技能，我们中国人同样也有，从此以后，外国人就不能欺负中国人不懂他们的技术了。他还嘱咐徐寿他们，可以开始试制小火轮了，如果碰到失败也不要灰心，一定要把火轮船造出来。

第二阶段，制造蒸汽机。在曾国藩的鼓励下，徐寿等人立刻开始为轮船制造蒸汽机。从模型到机器，中国人已经积累了第一次的经验，但要把一个真材实料的大家伙做出来，还要花更大的功夫。蒸汽机上零部件众多，像什么雌雄螺旋、螺丝钉、活塞、气压机等零件，都是徐寿独具匠心摸索自制而成。螺丝钉虽然是个小零件，但是也缺一不可，它既无国产，又无进口，徐寿凭借自己 20 多年练成的手艺，硬是用一把锉刀，一刀一刀手工制成。中国人采用手工的方法制出了一台洋式的机器。

经过差不多一年的精心研制，同治二年（1863 年）七月，中国第一台先进的动力机械——蒸汽机在安庆内军械所诞生了。这样的机器，在当时的西方已经是不值得一提的东西了，可是在老大帝国、封建落后的中国，这可是一个了不起的创举，它和当时居于世界领先水平的往复式蒸汽机相类似，为后来机动轮船的建造打下基础。它在中国机器制造历史上是具有划时代的意义的。

八月初二那一天，曾国藩又兴致勃勃地走出他的府邸，来到内军械所去观看“火机”。他知道，徐寿他们没有辜负自己的重托，中国人终究也会造出自己的坚船利炮。虽然爱写日记的曾国藩这一天并没有写下记载，但是当晚，他的胃口倒是特别的好。

第三阶段，试制轮船。说到舟船，我们中国古人其实是颇可以自豪的。《易经·系辞》里就有“刳木为舟，剡木为楫”的记载。肇始于远古的独木舟揭开了人类造船的历史，中国古代船舶的发展也在造船史上创造了灿烂的辉煌，为世界造船技术作出卓越贡献。明代以前，中国造船技术名列世界前茅，意大利旅行家马可·波罗和摩洛哥的阿拉伯旅行家都对中国的海船大加赞赏。明代郑和下西洋所率领的船队，大船可以乘载千余人。

不过，几千年来，中国的舟船并没有发生质的进化。直到19世纪60年代，中国使用的传统木质帆船仍然是摇橹划桨、背纤使舵。清末中国水师所使用的战船都是以帆桨作为动力的，仍然是要利用手工划桨和风力鼓帆。这种战船船体越大，兵士越多，需要划桨的兵士也越多，因此海战的代价相当大。这种落后的战船不仅航速慢，而且很受风向、风力和潮流的影响。因此魏源等有识之士看到中国战船与西方战船的巨大差距后不禁大声呼吁，中国人一定要有自己的机动战船才能与西方列强抗衡。

19世纪中叶开始，中国人对于采用蒸汽动力的舰船有许多称呼，有叫火轮船、车轮船、火轮的，也有叫火焰船、轮船、轮舟的，但大多离不开一个“轮”字，这是因为船的推进装置都放在船的两侧，看上去很像两个轮子，这样的装置又叫明轮。还有一种是把蒸汽螺旋桨装在船尾，没于水下的，又叫暗轮。

造轮船要做的事情更多，要绘制轮船图形、要添置器材……在这个过程中，徐寿、华蘅芳、吴嘉廉、龚之棠和徐建寅等人各有分工，各有负责。

图纸由徐寿为主负责完成。

造船的材料主要由赵烈文负责，他为此特意向华蘅芳咨询，得知苏州阊门外有三家钢铁行。其中李永隆这一家的最好，他们专攻以铁炼钢，工料十足，行内常备有铁料存货十万斤，能够造出国内质量最优的钢材。因此，制造轮船的材料基本上都采自国内，进口材料只限于主轴和锅炉上使用的几块。本来按曾国藩的意思，是要全部采用国产材料，全部聘用国内人员造出轮船，以显示我巍巍中华的制造能力。但是徐寿父子和华蘅芳再三考虑，认为目前全部用国产材料还不现实，为了早日造出轮船，可以少量用一点外国材料以保证质量。经过徐寿的认真解释，曾国藩最后表示了同意。

造船还要有船坞，军械所里根本没有船坞。徐寿就到厂外去勘探，在江边找到一大块比较平坦的地面，就带领着工匠们用木桩、石块和泥土堆成了一个简易的船坞。

造船的设备是徐寿在总结我国传统造船经验的基础上开动脑筋自行设计的，然后由工匠们精心地制作，很快，一整套结构简单明了却相当实用的造船机械设备就制造出来了。工匠们也夜以继日，陆续造出其他一些辅助器械。

有了设备，工程进度就加快了。第一艘轮船终于制成，这是

一艘暗轮式的螺旋桨汽船，船长约二丈九尺，也就是接近十米。船造出来后马上就进行了试航，可惜的是，由于缺乏可以借鉴的轮船样本，徐寿不知道锅炉管是必需的部件而没有设置。实验的时候轮船仅仅行驶了一华里就因蒸汽耗尽而停驶。

第四阶段，改进轮船的设计。俗话说，失败是成功之母。技术人员通过认真检查找出了原因，是原来的设计导致汽锅供汽不足，气压太低。徐寿他们并不气馁，立即着手改进蒸汽的输送方式，用炉管锅炉代替了汽锅，大大改善了蒸汽压力，并把原来的暗轮推进改为明轮推进，终于造出了中国第一艘以蒸汽机为动力的木质轮船。

同治二年十二月二十（1864 年 1 月 28 日），这一天必将成为中国人值得纪念的一天。中国人自己制造的第一艘蒸汽轮船由轮船委员蔡国祥亲自驾驶，在安庆西门外的盐河下水。这一艘来不及命名的轮船第二次下水试航，获得了满意的结果。徐寿、华蘅芳、徐建寅等人的脸上出现了久违了的笑容，他们站在江边，贪婪地承受江风的爱抚的吹拂，他们的衣角也随着寒风上下翻动。这时候，最美的风景不是江南的烟树，也不是江北的寺塔，而是眼前的这条船。这条船就像他们的难产的孩子，今天终于出生了。是的，这也是中国机动轮船的第一艘，它的意义非比寻常。

曾国藩自从湘军收复安庆后就一直住在安庆，极少走出他的督府。他在自己的衙门里添种了许多自己喜爱的竹子，还为夫人和儿媳妇置办了纺车。她们两人每人一架纺车，自纺棉纱，后院整日纺车声响，一篇宁静景象。内军械所传来了好消息后，曾国藩立刻兴致勃勃、自信满满地登船参观了这一次的试航。可惜当时没有人拍照，记录下曾国藩和一干科技精英们的此情此景。但是他们激动的心情后人们是可以想象的。试航返回后，曾国藩又写了日记：

“出城至河下，看蔡国祥驾驶新造之小火轮。船长约二丈八九尺。因坐至江中，行八九里。约计一个时辰可行二十五六里。试造此船，将以此放大，续造多只。”

安庆内军械所里取得的“造船置机”的成功，更加坚定曾国藩“师洋技而用之”的决心，也夯实了新起的洋务运动的实践的根基。这艘小火轮的制造过程，还为中国培养出了徐寿、华蘅芳、徐建寅等技术人才。这些人后来到了上海江南制造总局，又成为那里的技术骨干，加快了中国造船工业的发展，这艘小火轮标志着中国近代造船工业拉开了大幕。

渴望广阔的天地

每一项科学技术的进步从发明到实用都要经历一个过程，上面的四个阶段也仅仅是完成了一个大的阶段——试制阶段而已，它表明中国科技人员已经从理论上到制作上都掌握了现代机动轮船的制造技术。然而，掌握了先进技术并不意味着也可以达到先进的生产水平。当时中国整个的工业基础还相当落后，要造出性能良好、可直接用于战争的轮船，还需要先进的造船设备、优质的造船材料、高素质的工人和科学的管理等。因此，在安庆内军械所诞生的这艘带有相当程度手工性质的无名小船对于中国战舰的制造来说，象征着中国帆船时代的结束和轮船时代的到来，标志中国进入了机器制造的历史时期。然而，中国水师的战舰不可能从安庆小小的内军械所里制造出来，它需要一个更广阔的天地。

对于这个道理，曾国藩、徐寿、华蘅芳们已经从这艘无名小船的建造过程中渐渐地明白了。他们认识到，与其艰苦地学习西方科学知识，摸索着创制机械来制造舰船，还不如直接引进外国的先进机器和优质材料来造船。面对屡剿屡出的“匪患”和虎视眈眈的列强，战争随时会爆发，中国迫不及待地需要拥有最先进的军事武器，特别是水师所用的战舰。

1. 容闳和洪仁玕

其实，就在徐寿等人在安庆奋力进行蒸汽机和火轮试制的时候，购买外国先进机器的事情已经在曾国藩的考虑之中。同治二年（1863 年），时任曾国藩幕僚的张斯桂（也有人叫他张世贵）和丁日昌都向曾国藩介绍，让容闳去美国办理这件事情。张斯桂是容闳的朋友，两人相识已有好几年了。

为什么大家都如此看重容闳呢？因为容闳也是中国近代历史上一个赫赫有名的人物，按照他自己的自我介绍，“以中国人而毕业于美国第一等大学，实自予始”，原来他是第一个毕业于美国第一等大学——耶鲁大学的中国留学生。

容闳（选自《辞海》第六版彩图版，上海辞书出版社 2009 年 9 月出版）

容闳出身于澳门的一个贫穷的家庭，小时候父亲就去世，年幼的他必须参加劳动以维持家庭生活。后来，他遇到一个来澳门传教的德国人，进了教会学校。又受到一个美国老师布朗的帮助，来到美国大学留学。布朗非常愿意让容闳获得耶鲁大学为贫困学生设立的奖学金，但是耶鲁却有个奇怪的规定，学生若想要取得这个奖学金，必须先签订一份保证书，保证毕业后以传教士为职业。容闳非常感激老师的好意，却坚决拒绝了这样的保证。他说，我虽然贫困，但我也应该享有自由的权利。我将来毕业，无论从事什么职业，都应该是有益于中国的。就算政府不录用我，我也可以用我自己的方式去为中国的进步尽一分力量。后来，容闳获得乔治亚州萨伐那妇女会的资助考进了耶鲁大学。经过艰苦的学习后方才毕业。

回国后，容闳要做的事情有些做成了，有些没有做成。致力于向清廷游说并促成第一批幼童留学生赴美留学的事情是成功的，因此他被誉为中国“留学生之父”。

他跟太平天国打交道则是不成功的。他怀抱一腔爱国之心回国之后，听说太平天国也相信基督，就自认为和他们的人有着共同的语言，于是和两个洋人传教士一起访问了天京（今南京）。在太平天国的衙门，他受到洪仁玕的接见，向他提出了改造中国、革新图强的建议。

洪仁玕生于1822年，是洪秀全的族弟。他从小喜欢读书，是个农民知识分子，也是拜上帝教最早的一批信徒之一。1852年，他在广东发动了一场小规模的起义，失败后被清军逮捕。但是，精明的洪仁玕却设法逃脱，辗转多地来到了香港。因为香港有很多外国人，洪仁玕便发挥自己以往读书较多的优势，给外国人当起了汉语教师。香港那时是英国殖民地，到处都吹拂着西风西雨，这块特别的土地也使洪仁玕重新焕发出求知的欲望。他在教外国人学汉语的同时，自己也向外国人学习天文、数学、医学等近代科学知识。

洪仁玕（选自《辞海》第六版彩图版，上海辞书出版社2009年9月出版）

在这个过程中，他接触过20多名西方传教士，在这些外国朋友的影响下，他也接受洗礼加入教会，成为基督教徒。

在香港，洪仁玕了解到的知识一方面是西方的自然科学，另一方面是西方的政治、经济和社会制度等人文情况，这些知识激发他要去探讨西方列强为什么比中国富强的原因。与此同时，他还仔细研究当时的国际形势。经过这样好几年的亲身经历和自己的学习探索，洪仁玕对西方文化已经相当认可。

1858年，洪仁玕乔装打扮成一个商人，克服种种困难经过了清政府统治的好几个省区，来到太平天国的首都天京，重新回到了太平天国的队伍当中。对于洪仁玕这个有文化、又能干的族弟的到来，天王洪秀全十分欣喜。洪仁玕到来还不满半个月，洪秀全就打破禁例，破格封他为“开朝精忠军师顶天扶朝纲干王”。这个头衔比较啰唆，念起来也不怎么顺畅，差不多就是太平天国领袖集团成员的意思，地位相当高。果然，洪秀全让洪仁玕总理太平天国的军政要务，使洪仁玕成为太平天国后期的主要领导人之一。

洪仁玕对太平天国、也是对中国近代化道路的最大贡献，就是运用他所了解并认识的西方资本主义文化，撰写了《资政新篇》一书，给太平天国设计了一幅发展资本主义的蓝图。当然，这个蓝图也是睁眼看世界的结果，并不是太平天国运动本身发展的结果。作为太平天国的政治设计师，洪仁玕提出，不仅要引进西方国家资本主义的物质文明，比如轮船、火车、钟表、望远镜、寒暑表等；也要引进西方国家的精神文明，要用基督教来改造中国的风俗民心，提升中国人的道德水准；还要引进西方资本主义国家的制度文化，比如经济方面要兴办银行和各类公司，政治方面要设立各项法律和新闻官，社会福利方面要开办各种慈善学校和慈善机构。他特别指明，中国要像西方那样发展私营经济，保护生产资料私人拥有权，依法治国，自由竞争。

显然，《资政新篇》所设想的蓝图，在自给自足的自然经济占主导地位的中国是无法实现的，依靠农民阶级去走资本主义的道路也是行不通的。所以，《资政新篇》的改革方案在太平天国时期并没有得到实施。倒是太平天国的死对头、清政府内部的洋务派后来却部分实践了《资政新篇》的主张，推动了中国近代化发展的道路。这可以算是正打歪着吧。

容闳受到太平军领袖洪仁玕的接见后，向他呈上了革新图强的建议，后来还跟他们做过茶叶的生意。但是他在和太平军领袖人物交往的过程中发现，他们的道德品格和政治抱负不值得信赖，原来希望通过太平军为中国谋福利的尝试只好放弃。

2. 曾国藩拍板敲定

1863年的一天，正在九江经商的容闳就收到了张斯桂从安庆写来的信。张斯桂说他奉两江总督曾国藩之命，邀请自己来安庆商议要紧的事情，他一时有点纳闷。但是眼前曾国藩要见自己，莫不是听说了自己曾和太平军接触，把自己当成了太平军的奸细，借故要处置自己呢？再说这几年，自己和张斯桂联系并不多，也不知他在干什么，知人知面不知心，谁又敢保证他不会卖友求荣呢？容闳的心里就像是十五只吊桶打水，七上八下的。

容闳心里有疑，又怕不理不睬遭到更大的麻烦，只好写了一封措辞十分谨慎的回信，说自己对于总督大人的关心不胜感激之至。但是现在正是新茶上市做买卖的繁忙时刻，自己一时脱不开身，以后一定找时间前来听命。

哪知两个月以后，容闳又收到张斯桂的信，这一次信里还附上了著名数学家李善兰的书信。对于李善兰，容闳可以说是顶礼膜拜，认为他不仅是中国的数学大师，而且精通天文和翻译。容闳当年在耶鲁大学读书，最头痛的就是数学微积分，每次考试都不及格，所以对中国的数学家佩服得不得了。李善兰在信中表达得比较明确，说曾国藩将要对他容闳委以重任，希望他不要推辞了。容闳这才知道自己可能误会了曾国藩，惭愧之下连忙写了回信，答应数月之后一定来安庆拜访。

但是此时的曾国藩对于购买西方机器先行打造枪炮轮船之事已是十分上心，况且战事吃紧，急需军火供应，哪里还等得及数月以后。不久，容闳又收到了张斯桂的第三封信和李善兰的第二封信，两人都催促他快快启程来安庆，还特地向他透露，曾国藩希望他弃商从政、报效国家，可以在自己手下做事。容闳这才回信表示对曾国藩知遇之恩的衷心感谢，说自己已经考虑成熟，可以很快前来。张斯桂和李善兰接到这封回信才放下心来，立刻向曾国藩禀报。

容闳急忙处理完事务后，于九月抵达安庆。在安庆，容闳先会晤了张斯桂、李善兰、徐寿、华衡芳，友人相见分外亲切。容闳急于了解具体情况，徐寿和华衡芳、徐建寅就带他去参观工厂。容闳在厂里仔细观察了设备情况和工人的操作。徐寿向他介绍了第一艘轮船试航出现的故障，并虚心向他请教。

容闳毫不客气地谈了自己的看法："我没有想到这里的设备如此简陋，两位台兄克服种种困难造出轮船实属不易。但是从根本上考虑，这样的条件非长久之计，一定要设法买来一些外国的先进机器。这好比养鸡生蛋，生了蛋又能孵鸡。中国人有了好的工作母机，就不愁造出好的机器，也不愁造出自己的轮船。”

徐建寅马上接上去说道：“我看曾大帅一定会同意的，可是朝廷不一定批准。朝廷里的昏官、贪官一大堆，他们宁肯花掉百万两的银子去买什么阿斯本舰队，也不愿意花点钱干正经的事情。”

徐寿不客气地打断儿子的话：“你插什么嘴，我们要听容先生说话呢。”

容闳却用喜爱的眼光看着徐建寅说：“贵公子还是蛮有眼光的。朝廷中确有一些人至今还没有学会正视现实，他们把学习西方看成是向洋人示弱。屡战屡败还硬要打肿了脸充胖子。”徐建寅听了，得意地拍起手来。

容闳又介绍了一些自己在国外的见闻和回国后的一些想法，说得旁边的人连连点头。

第二天一大早，容闳便束装就道，前往总督府拜见曾国藩。容闳亲身体验过西方文明，在穿着和仪表方面是非常讲究的。在美国，他当然穿西服，回国以后因为西服太招人注目就又穿起了长袍马褂，但是长袍里面还是穿着西裤，脚上也是洋袜和皮鞋，真有点不伦不类，或者说是不中不西的腔调，但是看上去倒更加显得潇洒别致。

这是“中国近代化之父”曾国藩和“中国留学生之父”容闳之间历史性的一次会晤。

中国人初次见面，一般不会直奔主题，而是要略微寒暄几句。寒暄之后，曾国藩含笑不语约几分钟，之后，又用一种犀利的眼光打量容闳，从上到下好几遍，看得容闳心里直发毛。最后曾国藩把目光移到容闳的脸上，再集中到双眼。曾国藩经常用这样的相面法来观察一个人，他认为四目相对最能检验对方的心理。某些心里不踏实的人往往在这种时候会露出怯懦。容闳是个出过国门、见过世面的人，被曾国藩这么一看也有点不自在。

好在很快就进入了正题。于是有了这样的对话：

曾：你在国外待了几年？

容：为了读书，一共待了 7 年。

曾：你愿意在军中供职吗？

容：愿意是愿意，但是我对军事是外行，很多东西都不懂。

曾：那没关系。你有胆有识，一定能发号施令，成为一个好的将才。

容：总督大人您过奖了，我既没有军事方面的知识，又缺乏从军的经验，恐怕要让您失望。

曾国藩听出容闳的志向不在军中，也不好勉强，就询问了一些礼节性的问题后举茶送客了。显然，这只是一次试探性会面。返回居所，容闳跟张斯桂、李善兰、徐寿、华蘅芳等人促膝谈心，心中的疑虑慢慢解开。

两个星期后，曾国藩又接见了容闳。由于有了第一次的铺垫，这一次两人是直奔主题。容闳把自己对中国近代化过程的设想一股脑儿全盘脱出：

> 第一步，建立生产机器的机器的"母厂"。第二步，建立各种机器厂。第三步，制造洋枪洋炮，近可平定内乱，远可抵御外侮。这个事业前景非常乐观，因为中国有廉价劳动力和各种原材料，中国生产的机器价格上一定低于外国洋机器，此事大有可为。

曾国藩对容闳说：

> 你对制造机器的事情不太了解，徐寿、华蘅芳他们是专家，可以委托他们来干这样的事。你去过外国，对那里的情况很清楚，希望你专门负责到西洋国家，去把机器采购回国。

曾国藩说到做到，他一方面把委派容闳的事上报朝廷，另一方面又批了一大笔银子作为购买机器的费用。1863 年 10 月，肩负时代使命的容闳带着 68 000 两白银搭乘轮船，前往美国购买机器。由于美国在 1864 年发生了南北战争，所以容闳购买的机器无法及时运回国内，并没有对徐寿的试制轮船工作带来帮助。这些机器直到 1865 年才装运回国，进了上海的江南制造总局，为中国的轮船制造业发挥了很大作用。

通过接触曾国藩，容闳改变了自己原先的猜疑，对他作出了很高的评价，说他“可称完全之真君子，而为清代第一流人物”。两人之间的会晤不仅奠定了未来上海江南制造总局的物质基础，更使中国的近代化从一开始就处于一个比较高的层次。江南制造总局成立不久，就造出了口径 8 英寸、重 180 磅、钢管熟铁箍的阿式后膛炮和全钢后膛炮，只比西欧落后 20 年；仿制美国雷明敦式后膛中针枪，也只比西欧落后 20 年；制成每分钟 22 ~ 25 发的快利型枪，比西方落后 13 年；仿制成小口径步枪，只比西方落后 8 年。

曾国藩、容闳的宏观上的高屋建瓴和微观上的善于用人，使中西之间在军事技术上的差距从原来相差一个世纪，一下子缩短到只有一二十年甚至几年。从这个意义上看，两人之间在安庆的短暂会晤完全可以载入中国近代史册。

同治三年六月十六（1864 年 7 月 19 日），曾国荃率湘军攻克了太平天国的首都金陵。十八号，曾国藩接到曾国荃的来信，非常高兴，二十四号他就乘船东去金陵为弟弟祝捷。七月二十号，曾国藩返回安庆，决定把总督府搬到金陵。九月初一，曾国藩率随员离开安庆，安庆不再是湘军的大本营了。但是安庆仍然是江北军事重镇，内军械所并没有随曾国藩迁往金陵，而是留在安庆。

为什么内军械所会留在安庆呢？主要原因有两个，一个是驻守安庆的湘军仍然需要武器供应，另一个是安庆内军械所地方较小、设备简陋，已经不能适应制造未来战争所需要的兵器的条件，不值得搬迁。对于安庆内军械所来说，最有价值的当是以徐寿为代表的一批科技精英，而不是机器设备等物质的东西。因此，需要搬迁的是他们这一批人才。

肆 一摊烂泥之外的辉煌

19 世纪中叶，大清王朝各种矛盾日趋激化，朝着最后崩溃的道路上跑去。但是在洋务派的眼中，正是他们施展才华，扭转乾坤，给清朝带来了中兴之光。在这样的时代，曾国藩、李鸿章等官僚们和徐寿、徐建寅等知识分子有着不同的思想理念。官僚们眼里的“国”是“国家”，这个“国家”既是满族贵族的，也是他们的。这个“国家”联系着自己的地位、权利、利益和荣誉。知识分子眼里的“国”更多的是指“祖国”，“祖国”代表着华夏大好河山、四万万同胞、灿烂的物质文明和曾经优秀的精神文明。他们不愿意看到祖国的领土被侵占，祖国的人民遭凌辱，他们想以自己的一腔热血挽救中华。

中国有句话，叫作殊途同归。不是一路的人，也可以因为他们具有共同的阶段性理想而走到一起。曾国藩和徐寿、容闳这两种人就在“格致”的阶段上走到了一起。如果我们可以把清朝末年的朝廷比作一摊烂泥，曾国藩们充其量只是不那么烂的烂泥。在广阔的中华大地上，却盛开着清香的荷花，虽靠近污泥而不染，绽放他们生命的辉煌。

1. 金陵有了制造局

曾国荃（选自《辞海》第六版彩图版，上海辞书出版社2009年9月出版）

南京在历史上有过很多名称：金陵、秣陵、建邺、建康、江宁等，其中最古老雅致而又广为人知的当推“金陵”。金陵是所谓的“六朝古都”，分别是东吴、东晋、宋、齐、梁、陈；又是所谓的“十代都会”，那就还要加上南唐、大明、太平天国和中华民国。金陵自然是上演过很多历史大戏的城市。

同治三年（1864年）的五月十七日，金陵城下，曾国藩湘军的嫡系部队——曾国荃的吉字营和太平军的决战已经到了最后阶段。城内太平军是万众一心坚守到底。城外吉字营是强顶硬攻，决不后退。前线大帅曾国荃久攻不下，一时焦头烂额，生起病来。“六月尚盖棉被三床”，据说是患了肝病和湿毒。

六月十六日一早，吉字营炸开太平门一带的城墙，冲进城去，兵分四路进攻天王府、神策门、仪凤门、通济门、朝阳门和洪武门。夜里十点多钟，吉字营终于打下了天王府。失守之前，忠王李秀成率千余名将士保护16岁的幼天王洪天贵福冲出了金陵。洪天贵福后来得到当地老百姓的藏匿，而李秀成成为湘军的俘虏。曾国藩得知消息后急带文案人员，到曾国荃的军营审讯了李秀成，并且让他写了自述，几天后，李秀成被杀。

清军攻克金陵后，曾国藩就要求徐寿等技术人员调往金陵继续从事军工试制和生产的重任，具体筹办由李鸿章负责。李鸿章在金陵聚宝门外（现今的南京中华门、雨花台附近）扫帚巷东边一个名叫“西天寺”的废墟上建造起金陵机器制造局的厂址，使之成为清朝末年一所较大的官办军事工厂。

金陵制造局的机器主要来自苏州洋炮局，而苏州洋炮局的基础则是上海洋炮局。这个过程要从1862年说起。那一年，李鸿章奉曾国藩的命令带领8 000名淮军将士雇船从安庆来到上海，

购买了大量的洋枪洋炮，准备对付太平军。有了洋枪洋炮还需要子弹炮弹等军需，李鸿章深知向外国购买只是权宜之计，从长远考虑，清军必须有自己的军火制造能力。于是，李鸿章雇用了英国人马格里，请他再去雇用几个外国技术人员，购买外国机器，招募中国工人，在上海松江一座小小的破庙里办起了一座兵工厂。这个工厂模仿外国的方法制出了开花炮弹供淮军使用。

1863 年 12 月 4 日，淮军夺取苏州。李鸿章又让英国人马格里和中国官员刘佐禹、韩殿甲占用原太平天国纳王的府邸筹建苏州洋炮局。开办才一年的上海洋炮局也被搬迁到苏州。苏州洋炮局的主要生产设备和原料都从英国进口，聘用外国技术人员五六个人，招募中国工人五六十个人用机器进行生产，制造长短炸炮和这两种炮所用的大小炸弹。这说明苏州洋炮局摆脱了手工生产，是一个较为先进的军工工厂。

1865 年夏天，因为在上海地区与太平军作战有功，李鸿章从江苏巡抚升任代理两江总督。在离开苏州来到金陵时，李鸿章就把苏州洋炮局的一个车间迁到了金陵，筹备成立金陵机器制造局。当年，金陵机器制造局就建成了。这个厂的厂房是仿造西洋风格的，厂区前面还有一座西洋花园。工厂也购买了外国机器，雇用了外国技术员。后来经过不断的扩建，工厂规模逐步扩大，机器设备更加完备，生产的种类也得到增加。当时的金陵机器制造局与其他各省的机器局相比，明显处于领先的地位。

金陵制造局生产的后膛炮是值得一提的，这种大炮把原先使用的青铜火铸铁材料改为现代的铜材火锰钢，这使得炮管的强度大大增加。炮弹也从圆球形状变为长形，并附有弹道，这些技术改进增加了炮弹的射程和发射精度，并且还带有可移动的车轮，使大炮具有机动性。有了后膛炮再去看前膛炮，简直就是不忍卒看了，前膛炮只能把实心的铁弹爆发出去，射准了也只能射到一个点，根本不会开花。据说洋人第一次碰到这种铁弹时先是吓了一跳，后发现炮弹并没有爆炸，只是砸出一个凹坑，于是他们就不屑地哈哈大笑起来。如此耻辱真是不堪提起，这是别话了。

从19世纪60年代到19世纪末，洋务派官僚在各地陆续兴建兵工厂约40个，职工有约4万人。李鸿章建造兵工厂的目的也无非就是为了扑灭危害清政府统治的太平大国或捻军之类的“匪患”。但是徐寿这些科技人员投身近代兵工事业的目的并不能和洋务官僚相提并论。我们已经从徐寿、华蘅芳年轻时的志向中了解到，他们对封建的“经学”并不感兴趣，对为官至仕也颇为不屑。所以从政治上看，这些科技人员跟洋务派等朝廷大人不是一路人。只是在向西方学习，掌握西方先进的科学技术这一点上，两者找到了共同点，并且走到了一起。同治四年（1865 年）十一月，徐寿、华蘅芳、徐建寅等人奉命离开安庆，来到金陵机器制造局。

2. 送“黄鹄”下水

同治三年（1864 年）六月十六日，湘军攻占了金陵。九月初一，曾国藩把总督府衙也迁到了金陵。十月，曾国藩就通知徐寿和华蘅芳等人也迁往金陵，这说明曾国藩一刻也没有放松军工事业。

十一月初四，徐寿到达金陵。金陵的景象使得徐寿父子和华蘅芳大为吃惊。房屋大多毁坏，空气中弥漫着血腥的味道，有些民众的穿着和尸体的样子都惨不忍睹。徐建寅气愤地骂道：“官军怎么如此残忍，简直跟强盗没什么两样。”徐寿只能苦笑着告诉儿子：“官军的兵士哪里来的？他们很多人原本就是强盗。”联想到自己的家也曾被太平军洗劫，徐寿觉得自己这张嘴实在是讲不清其中的复杂原因。原本老实的百姓们，为什么一当了兵就都成了强盗。他能做的就是尽自己所能，让中国早日富强起来，国家富强了，强盗自然就少了。

到了金陵，徐寿连栖身之所也来不及安排，径直就来到曾府衙门，商量曾国藩在安庆时吩咐过的，要把火轮船“以此放大，续造多只”的事宜，得到了曾国藩的鼓励和支持。为了笼络江南士子，曾国藩禀报朝廷，要求增加科举考试机会，举行江南乡试。他要徐寿去参加，也好获取一个功名，改变自己的身份，但是徐寿婉言谢绝了曾大帅的好意。

徐寿和华蘅芳安顿好家当，立刻投入新船的制造。由于工厂

金陵机器局（选自王介南著《中外文化交流史》，山西出版集团书海出版社2009年1月出版）

机器设备比以前好得多，再加上已经积累的许多经验，新船的制造比较顺利。根据在安庆造小火轮船的经验，这次所造的大轮船采用明轮推进法，技术人员还把蒸汽机改为高压蒸汽机。轮船的载重达到25吨，船身长度为55尺，是一艘蛮像样子的大轮船。这艘轮船使用的材料大部分为国产，包括雌雄螺旋、螺丝鼎、活塞、气压计等都由徐寿、徐建寅父子亲自监造，但是已经在主轴、锅炉和气缸配件中采用了西洋材料，因此品质更好。轮船的总造价达到纹银八千两。

同治五年（1866年）初春时节，轮船在金陵的下关举行了隆重的试航仪式。那天前往围观的市民多得不计其数，可谓人头攒动，拥挤不堪。金陵毕竟是六朝古都，是个大地方，下水时有外国记者到场，他们写下的报道后来发表在上海出版的洋人报纸《字林西报》上。那一天，曾国藩因为奉命北上对付捻军，不能前来，因此就让两个儿子曾纪泽和曾纪鸿代表自己前往视察。或许是要让儿子也见见世面，或许是要让儿子对轮船制造有所了解，也或许是老子要在儿子面前炫耀一番。那个曾纪泽倒确实是不负父亲重望的。他后来成了清朝少有的能够在中国和洋人的外交中使中国少受损失的外交官。

曾国藩子女众多，家教很严，曾纪泽是长子，能够起到带头示范的作用，十分用心地接受父亲的教导。曾氏家谱中记载，纪泽就曾经和六妹纪芬一道，在父亲建造的船厅中细细观看制造局制作的约有六尺之大的地球仪，这样的事情在同治年间中国的士大夫家庭中可以说是绝无仅有的。曾国藩在咸丰十年（1860 年）发表“驭夷之道，贵识夷情”的意见，提出“师夷智以造炮制船”的主张，并把这个主张提到“救时第一要务”的高度。父亲的这些观点，曾纪泽是完全接受的。他说：中国不能以老大自居而拒不接受西方先进的东西，把自己的手脚都束缚起来而不问外面的事情。在我们中国，蒸汽轮船不见报道，有的只是高谈阔论空谈误国。我们这一辈应该跳出这个圈子而反思。可见，曾纪泽的抱负非一般“官二代”、“官三代”可以比拟。

曾纪泽（选自《辞海》第六版彩图版，上海辞书出版社 2009 年 9 月出版）

后来，曾纪泽担任了清政府驻英法使节，眼界更为开阔。而他最为人所称道的就是和俄国的谈判。赴俄之前，他曾接到总理衙门一份密电，竟然是说如果对方不肯归还我新疆伊犁，也可以答应，暂作了结。而曾纪泽却认为，国家领土完整，是不能退让的原则问题。因此他在整个谈判的过程中一直态度明确，始终不肯放松一步。俄国人无可奈何，只能在归还伊犁和南部疆界的问题上满足中国的要求。1881 年，在中俄《改订条约》中，曾纪泽凭借对国家主权的忠诚和“酌情据理”的谈判艺术，为中国争回了一部分领土，这在有清一代的历史上是破天荒的事情。

这一次，曾氏兄弟同坐在轮船上监督试航，曾纪泽一边喝茶一边听取汇报。喝完一碗茶，曾纪泽掏出怀表一看，刚好过去一小时。他喊来了徐寿问：“已经航行了几里？”徐寿回答：“禀告少帅，差不多 25 里。”少帅露出了满意的神情。

试航结束，徐寿汇报了一连串的数字：在不足 14 小时的时间里逆流行驶 225 里，时速约为 16 里；返回时顺流行驶仅用了 8 小时，时速约为 28 里。曾纪泽马上立起身来喊：“笔墨伺候。”纸笔取来后，曾纪泽饱蘸墨水挥笔写下两个大字“黄鹄”，还一边写一边说：“此船就叫黄鹄吧。”

古书上对“黄鹄”的解释是：“大鸟也，一举千里者。”

《战国策》里也有庄辛之语：“黄鹄因是以：游乎江海，淹乎大沼。”

“黄鹄”号塑像（任丽青 2013 年 8 月 11 日摄于安庆长江边）

取名黄鹄大概就是象征这艘船是一只大鸟，能够自由翱翔于江河湖海，这表明了曾纪泽对中国人自己制造的轮船的一种厚望。从此以后，“黄鹄”的名声就传开了。

后来，“黄鹄”这两个字用金色镌刻在了轮船的侧身。金色一方面近于黄色，另一方面也代表大清国旗龙旗的主色，是一种含有深切寓意的颜色。曾国藩听到儿子汇报轮船的情况后，对船的性能十分满意，上奏朝廷提请对徐寿进行褒奖，稍后，朝廷果然向徐寿赏赐了“天下第一巧匠”的匾额。

那一天，徐寿还没有到家，村里的石板路上就热闹起来，两拨人汇成一拨人成了一支队伍。打头的是两个差役，他们扛着一大块用黄绫蒙着的东西，徐寿紧跟在后面。再后面的就是锡金县的衙役们，他们举着写有“肃静”、“回避”的牌子，簇拥着一顶轿子。轿子里端坐着锡金知县郭映奎。郭映奎到任才不久，听说同治皇帝派人给自己属下的村民徐寿颁发匾额，觉得自己也沾了很大的光，就要把自己的轿子让给徐寿坐。可是徐寿坚决不肯，他出门从来不坐轿子，况且今天送来的只是一块牌子而已，弄那些繁文缛节就要浪费不少时间。自己跟在牌子后面走可以简便一些，也自然一些。

村民们顾不上天气大热，纷纷挤到徐寿的家门口，把门口都堵住了。村民们无不惊叹“阿寿真是了不起，连皇帝都给他送匾”。就连当年在背后说徐寿是“逃学精”的人，和那几个在茶楼里对徐寿不屑一顾的人，也痛快地捐弃前嫌，跑来向徐寿表示祝贺和钦佩，这真正是皇恩浩荡啊！村民们心想，这下子，阿寿不知道要乐成什么样子了。

徐寿好不容易才挤进了门。那一边，郭映奎吩咐差役在条桌上放上匾额，点上香烛，然后恭恭敬敬揭去黄绫，“天下第一巧匠”6个金光闪闪的大字露了出来，村民们一齐发出“或哟”的感叹声。赞扬之声随即此起彼伏：

“我老早就看出，阿寿这个人跟别人家的不一样，将来一定有出息的。”

“老太太前世修福、今世积德，养了这么一个好儿子。伊到阴间也是享福的。”

“今朝皇帝送了这块牌子，知县老爷也光临这里，我伲社冈里名声也大起来了哇。”

郭映奎见徐寿只是愣在一边手足无措的样子，就自作主张叫差役把牌匾挂到厅堂中央。徐寿见状连忙请求说，自己刚刚到家，很多事情还没有料理，待过几天事情都搞好后，再隆重举办升匾仪式，郭映奎见他说得有理只好答应。

但是，送走了朝廷的差役以后，徐寿并没有把那块匾额高高挂在厅堂上面，而是一直塞在了书房里面。有人不解地问过徐寿，为何不把皇帝的龙匾挂起来，也好荣耀门楣呢？徐寿淡淡一笑说，“你勿晓得，洋人老早就造出这样的船了，我又不是第一人，有啥了不起。挂起来反而难为情”。这又一次说明，徐寿等人钻研西学，制炮造船，都是出于为国为民，从来不是为了所谓的“仕途经济”。

3."黄鹄"是谁起的名?

这艘船是谁命的名一直存有争议，有人说是曾国藩，有人说是曾纪泽。笔者之所以采信曾纪泽，是因为曾国藩确实有过让儿子为自己代笔的事情。同治三年，美国人伟烈亚力和中国的李善兰共同把欧几里德的《几何原本》翻译出来，这是中西文化交流史上可圈可点的一件事情。湘军攻克金陵后，李善兰也跟着到了金陵。他向曾国藩提出在金陵刻印《几何原本》的请求，得到了曾国藩的支持和资助。于是就有了 1865 年版总共 15 卷本的《几何原本》。

曾国藩为这本书校刊，要曾纪泽用他自己（国藩）的名义给这本书作一篇序。纪泽在序中指出欧洲数学的确比中国古代算学高明。曾国藩看了儿子的文章以后评价说，文章写得文气清新，笔力厚实。曾担任赴英钦差大臣的郭嵩焘也对此文赞赏有加。所以说，父亲让儿子代笔，这种事早就有过了。

其实，不管"黄鹄"的船名是谁起的，反正都是曾氏的功劳，都说明洋务派对坚船利炮的期待，这也正是洋务派的局限。只有郭嵩焘等少数洋务大臣认识到了坚船利炮并不是保全中国的万能之器，中国是烂到了根上，不从根本上去解决问题，中国是无药可救的。

再回到“黄鹄”号上，世人一般只对它津津乐道，就连安庆市文物局、旅游局也对“黄鹄”广为宣传，说此船是在安庆内军械所制造出来的。这实在是个谬误。中国的第一艘机动船是在安庆内军械所里制造出来的无名小火轮，并非“黄鹄”号。“黄鹄”号是在金陵机器制造局里造出来的大轮船，但不是中国第一艘机动轮船。如果说，安庆的小船是父亲，那么“黄鹄”就是儿子，儿子长得比父亲高大，这很正常，但是如果没有父亲，那么儿子是无论如何出不来的。所以说，安庆的小火轮是一首美妙的序曲，她开启了后面的一篇篇辉煌乐章。

可惜的是，“黄鹄”建成后并没有当作兵船，而是用作曾氏的私用船，曾国藩的夫人回湖南时又被当作护航船。可见清朝官员公私不分，何等混乱又何等腐败。同治六年（1867 年），徐寿被派往上海扩建江南制造总局的时候就是乘坐“黄鹄”来沪，以供江南制造总局作为造船的参考。仅仅过了三年，因为滥用和缺乏管理，“黄鹄”就悲剧性地沉入黄浦江底，再也没有驰骋水面。

4. 曾、李之间的微妙转换

早在 1862 年的时候，李秀成率太平军攻打上海，上海方面向曾国藩紧急求援。由于曾国藩的湘军兵力也嫌不足，无奈之下，曾国藩只能派文人出身的幕僚李鸿章前往上海。曾国藩一方面要求控制上海这个重要的洋务活动基地、保证军费来源，另一方面也要求李鸿章操练淮军，以便实现最后对太平军的战略包围。

当李鸿章还在安庆担任曾国藩幕僚的时候，他就领教过洋枪洋炮以及远洋战舰和船队的威力。来到上海以后，李鸿章惊奇地发现，上海的防务竟然是由英国人、法国人和印度人组成的 3 000 人的洋人军队承担，这支雇佣军是靠上海商人和绅士出钱供养的，清政府命名这支军队为“常胜军”。“常胜军”的武器都是西式来复枪和榴弹炮，威力很大。李鸿章对这些武器产生了强烈的好奇。有一天，李鸿章精心打扮，把自己化装成一个老百姓，混到一艘外国军舰上仔细观察了很长时间。他后来在文章里写道：

外国人唯一比中国人强的就是他们的武器装备，如果中国人将来也有了自己的先进武器，就不用再去害怕外国人了。大清现在的大患是太平军，长久的大患必是洋人无疑。

这当然是封建官僚的自以为是，他们只看到了中国表面上的落后，不可能、也不愿意看到中国在本质上的落后，他们一厢情愿地认为，只要有了坚船利炮，一切内外问题都能解决。

1862 年的上海，就在李鸿章关注洋人的同时，上海人也在观察着时局的走向。上海人听说太平天国里男人不剃头，女人不裹脚，这简直野得不成体统。政府军里的人贪污无能，更不像样子。洋人则是趾高气扬，狠三狠四，让人一见就来气。上海人猜不透上海会是谁的天下。

忽然之间，上海人听到黄浦江上传来突突突的轮船声，有好几艘冒着黑烟的小火轮从上游驶来。人们纷纷猜测这些是客船、商船还是战船，是谁的战船。轮船驶近了以后，人们发现甲板上的人穿着一式式样的衣服，衣服都是破破烂烂的，布满了油腻和汗渍。但是船上的人个个把头包得严严实实，人也都挺精神，他们衣服的后背上依稀可以分辨出一个大大的“勇”字，看来，这是一支军队。于是，上海老百姓奔走相告了：“叫花子兵来了，叫花子军队到上海来了！”这支装备落后的军队就是李鸿章率领的淮军。

来到上海 7 个月以后，李鸿章升任江苏巡抚和通商大臣，手

握军政和经济大权。他心中清楚，如果丢掉上海，自己的一切也将化为乌有。因此他提出了“不要钱、不怕死”的口号时时告诫自己。在李鸿章的严格管理之下，淮军的精神和训练状态都上了一个台阶，在与太平军的几番交战中都取得了胜利，李鸿章也成了朝廷的功臣。

而自湘军 1864 年攻陷天京之后，湘军势力大增。清廷感觉到最大的威胁已经不是太平军，而是手握重兵的曾国藩，于是采取压制曾国藩，启用李鸿章的政治手腕，以求在地方大臣之间建立新的平衡。1865 年，曾国藩以钦差大臣被清廷派往山东剿灭北方的叛军——捻军，让李鸿章代理两江总督。曾国藩此行“剿匪”并不顺利，仅仅几个月，曾国藩被重新调任回到两江总督的职位之上，由李鸿章接任钦差大臣继续“剿匪”。这样一来，李鸿章对金陵机器制造局就鞭长莫及了，而且，机器制造局又开在老师曾国藩的眼皮底下，也不方便过问，就打算在上海另起炉灶。

5. 江南制造总局

1865 年底，李鸿章负责在上海成立了江南机器制造总局，简称江南制造总局，或称沪局。这个沪局虽由李鸿章具体控制，但也不能完全摆脱曾国藩的遥控指挥。实事求是地讲，在开办近代工厂方面，李鸿章比曾国藩眼光更先进，态度也更积极，设立江南制造总局的功劳应该主要归于李鸿章。李鸿章统帅淮军时虽然大量使用洋枪洋炮，但是他也一直强调不能依靠洋人和洋枪，一定要“自强”，而“自强”的最初之道就是所谓“讲求洋器”，这是李鸿章谋划建立上海江南机器制造总局的初衷。

1865 年 9 月，李鸿章调丁日昌担任上海道道员。丁日昌向李鸿章报告说，上海虹口有一家美国人科尔开办的旗记铁厂，能修造轮船和大炮洋枪，愿意出售。李鸿章就回信同意丁日昌把旗记铁厂买下，并责成丁日昌负责督查筹划。购买旗记铁厂的资金是海关通事唐国华等三人因犯贪污案而筹资赎罪的四万两银子。

这一年，苏州洋炮局的一部分曾划归了金陵机器制造局，韩殿甲负责的另一部分就划归了江南制造总局。这时候，曾国藩派荣闳到美国向朴得公司购买的一百多台机器恰好运到了国内，也被李鸿章调拨到了江南机器制造总局。有了机器设备，李鸿章又委派丁日昌、韩殿甲等 5 人共同管理局务。

江南制造总局是一座综合性的军工制造工厂，也是清政府当时规模最大的军工制造企业，下设 5 个工厂：制造枪炮的军火厂，造船修船的船厂，炼钢厂，火药厂和机器制造厂。总局的主

要目的是制造枪炮、修船造船，实际上是以造船为主。从当时建厂的目的来看，是近为剿匪，远为御侮。但是事实上，平定“内患”的战局大局已定，所以江南制造总局生产的军工产品主要为防御列强的侵略发挥了作用。

江南制造总局虽然是一个先进的军工企业，但是它的管理依然是封建性质的，产品都是调拨给军队使用，不作为商品进入市场流通，一直到 1902 年，厂里才有少量钢材供应给市场。

江南制造总局早期的工人大多来自广东、福建、浙江等沿海地区，工厂搬迁到高昌庙以后，局方打算就近增招部分工人。但是附近的居民害怕被机器轧死不敢进厂做工，局方只好到孤儿院招收一批在太平天国战争中收容的年龄较大的难童进厂做工。工厂开工一段时间后，当地人看到工厂工人并没有什么生命危险，这才慢慢地愿意进厂当工人。总局创办时，约有工人近 300 名，到了 1869 年迅速增多到 1 300 名，1890 年更是增加到约 3 000 名，当时已占到上海工人总数的百分之八以上，占到全国工人总数的约百分之四。

江南制造总局明明是一所军工企业，但是在命名的问题上，李鸿章却深思熟虑。他一改以前的“洋炮局”、“军械所”那种明显的军事化特征，而是使用了制造局这个带有民用色彩的称呼。

在李鸿章看来，洋务运动迟早是要突破军工的范围而步入民用的轨道。

同治五年（1866 年）秋天，江南制造总局的总办，也就是总经理应宝时奉上级命令，要把工厂搬迁扩建。因为虹口地区当时是美国租界，美国人反对在他们的租界里开办工厂制造军火。中国方面迫于美国的压力，又加上工厂场地确实狭小，因此决定迁厂。新购买的厂址位于城南的高昌庙，占地 70 多亩。

同治六年（1867 年）夏天，江南制造总局迁到高昌庙，新建了轮船厂，又在这块土地上先后建起了机器厂、洋枪楼、汽炉厂、木工厂、铸铜铁厂、熟铁厂，又在陈家港购地建造火箭分厂。高昌庙厂区还建了库房、煤栈和公务厅、文案处、报销处、支应处、议价处等，形成了一个较为完整的军工制造企业。

同治六年（1867 年）年初，曾国藩剿灭捻军的任务毫无进展，只好假托生病，向朝廷奏请辞去“剿捻”大任，仍旧担任两江总督。他回来后就打听上海江南制造总局的建厂情况，听说沪局的技术力量基本上掌控在洋人手中，华蘅芳等少数中国人说不上话，心中很是担心，立即派人去把徐寿叫到上海，以充实中国技术人员的队伍。他还要徐寿、徐建寅乘坐“黄鹄”来上海，一方面向洋人展示中国的才能，另一方面把“黄鹄”作为在上海造

大船的借鉴。

接到曾国藩的召唤，徐寿知道自己为国家出大力气的时机已经到来了，便立刻打点行李赶赴上海。到了上海，接到局里的命令，要徐寿、华蘅芳等人前往负责高昌庙新厂区的筹建工作。徐寿来到上海以后，就全身心地投入工作，从机器安装到运转调试莫不亲力亲为，效率很高。李鸿章也经常亲临现场督查鼓励。他看到徐寿带领一班匠师和工人把各个部分、工序之间的生产组织安排得十分妥帖合理，心里非常佩服，感觉到曾国藩手下的能人确实是身手非凡。

6. 从木质战船到铁甲兵舰

同治六年（1867 年）初，徐寿被派往上海襄办江南制造总局，主持技术工作。徐寿到任不久，就向局里提出四项建议：

第一，翻译西方最新科技书籍。因为要建立先进的兵器制造业，必须首先学习并进而掌握当代世界最先进的科学技术。翻译西方书籍不仅能使中国人学到系统的科学知识，还能从科学知识中探求科学的真谛，建立起科学的方法和科学的精神，这是尤为重要的。在当时的中国，国人普遍相信迷信，不是拜佛信道，就是崇拜皇帝，而徐寿却笃信科学，实在是出污泥而不染，具有超前的精神品质。

第二，采煤炼铁，储备材料。

第三，制造先进枪炮。

第四，操练轮船水师，建立强大海军。

徐寿提出的第一条建议没有立即被采纳。在官办的军工企业中，技术人员只负责技术这一块，决策权都掌握在封建官僚手中。曾国藩和李鸿章能够比较尊重技术专家，这跟他们提倡洋务有很大关系，这在封建时代已属十分不易了。但是在很多具体问

江南制造总局（黄建华 2013 年 10 月 25 日摄于上海陆家嘴证券博物馆）

题上，官僚和专家看法并不一致，这种时候专家们往往无能为力，只能等待，等待官员们观念转变，或者时局的变化促使官员改变思想。

来到江南制造总局，徐寿就和儿子徐建寅以及其他技术专家一道，开始了用机器手段制造兵舰的过程。从 1868 年（同治七年）到 1885 年的 17 年里，江南制造总局在徐寿的主持下共建造了 8 艘战船，前 6 艘为木质船，最后两艘为铁甲和钢壳舰船。从木质到铁甲，战船实现了跨越式的技术进步。为了让这个过程看起来更清晰，现在列表如下：

年份	船名	外壳	长度 / 尺	宽度 / 尺	马力 / 匹	载重 / 吨
1868	惠吉	木质	185	27.2	392	600
1869	操江	木质	180	27.8	425	640
1869	测海	木质	175	28	431	600
1870	威靖	木质	205	30.6	605	1 000
1872	海晏	木质	300	42	1 800	2 800
1875	驭远	木质	300	42	1 800	2 800
1876	金鸥	铁甲	105	20	200	2 800
1885	保民	钢壳	225.3	36	1 900	2 800

说到战船，先简单提一提中国古代的战船。早在春秋战国时期，水战中已经使用战船，楼船就是那时的主力战船。西晋时的王浚水军最大的楼船可载水兵2 000名，船上可以跑马，被称为“舟楫之盛，自古未有”。咸宁六年（280年），王浚率水军7万人从四川顺江而下，在长江西陵峡水域击破吴军的水下拦江铁链，直逼吴国首都建邺。唐朝诗人刘禹锡曾在《西塞山怀古》一诗中记载了这场战斗的情形：

王浚楼船下益州，金陵王气黯然收。
千寻铁索沉江底，一片降幡出石头。
人世几回伤往事，山形依旧枕寒流。
从今四海为家日，故垒萧萧芦荻秋。

宋代是轮桨船大发展的时期，船舶多因水轮的数量而得名。譬如有四个水轮的“四车船”。南宋时期甚至造出了有90个轮子的车船。还诞生了水轮桨与手划桨并用的车船，譬如五车十桨船。那时的水轮都用木板盖住，从外面看不见踏轮的士兵在船舱里操作。船的上层建筑设置弓弩、抛石机等作战武器。

著名的战船艨艟也是中国人的发明。这种船曾是古代的一种主力战船。船以牛皮蒙住船身以抵抗冲撞，因此而得名。这种船的两侧都开有棹孔，桨从棹孔伸出，水兵就在舱里划桨，这样可以避免被敌方船的矢石击中。甲板上可以施放弓弩和长矛。艨艟一般都是快船，从汉代开始使用，直到明清。

然而，在中国的明清时代，西方的科学技术却获得长足发展，造船技术有了质的变化。以蒸汽机为推进动力的机动轮船代替了以船桨和风帆为动力的古代船舶，以铁甲钢甲铸造的船身也代替了以木质为主的船身。西方以近代的坚船利炮为强有力的武器，迫使老大帝国的中国对外开放，主权和领土都蒙受极大威胁。技术的进展空前地决定了政治的进程。

中国的兵舰制造因此而带有极大的军事和政治意义。1868 年夏天，江南制造总局建造的第一艘木质战船“恬吉”号建造完成。“恬吉”号船长十八丈又五尺，宽二丈七尺多，蒸汽机是购买外国的旧机器经过整修后装到船上去的，锅炉和船壳是自己造的。轮船式样新颖，制作精良，装有火炮 9 尊。“恬吉”号采用的是比较老旧的明轮样式，推进器在船身两侧，看上去像是两只轮子。这样的船吃水较浅，容易翻船，而当时的外国轮船大多都采用了更先进的暗轮装置。但这毕竟是中国第一艘用机器方法制造的战船，还是值得庆贺的。

在“恬吉”号的制造过程中，徐寿经常和工匠们一同操作，汗水也流得一样多。工厂车间里，又有烟火又有蒸汽，简直就是蒸桑拿的感觉。再加上机器的转动带来的噪声，让人心跳加快，不得安宁。有时候甚至让人觉得，这种艰辛跟战士在战场上的厮杀也差不了多少。

9月15日，“恬吉”号试航。这一天，船上插上了一面鲜艳的黄色龙旗，吴淞岸边炮台用开炮的方式欢送战船出海试航。轮船从高昌庙驶出，经陆家嘴到达吴淞口，大概用了三个小时，上水逆行时速约为40里，下水顺行时速约为60里。随后兵舰再经过铜沙进入东海，至舟山群岛后返回。整个航行的时速大约为36里。试航途中曾遇到强大的逆风，但轮船航行非常平稳。当天有很多上海市民和军人前往观看，军民无不欣喜鼓舞，试航的消息轰动一时。

9月28日，这艘兵舰又开往金陵，曾国藩登船查看。轮船行驶到安徽境内的长江名胜采石矶下面的翠螺山返回时，曾国藩给出了评语，说轮船质地坚实而且灵便，便给轮船命名“恬吉”，意思就是四海波稳，平安吉祥。到了光绪元年（1875年）的时候，为了要跟光绪皇帝的名字“载恬”避讳，就把船名改成了“惠吉”。

回到督府后，曾国藩特意写了《新造轮船折》向朝廷汇报，慈禧太后看到奏折召见曾国藩询问情况，问他造船时有没有外国技术人员参与其中，曾国藩回答说仅有六七人，其他都是中国人，慈禧随即露出较为满意的神态。徐寿等人因此获得了表彰。

同治八年（1869年）夏天，江南制造总局造出了第二艘战船。这艘船采用暗轮式，船长十八丈，宽二丈七尺多。轮机、锅炉和船壳都是中国自己制造，配火炮8尊，行驶时相当灵便。当时的两江总督马新贻给轮船命名“操江”号，是希望战船能够驰骋江面，可见当时造船的目的主要是对付“内患”。如果说也有抵御外侮的意思，那么就只能是在江上防守，而不是在海上御敌。“操江”号下水时也是从吴淞口出海，行驶到舟山返回。

第三艘战船于同治八年（1869年）秋天竣工。同年年底，也就是1870年1月12日，这艘轮船开到了金陵，两江总督马新贻登船验看，认为此船工料坚实，火炮发射也相当平稳，就给轮船取名“测海”。

从“江”到“海”，这里有了微妙的文字上的变化，实际上也从某种程度上体现出中国人的海洋意识的微妙变化。中国是个传统的农耕大国，中国人一向以为自己的国家地大物博，在自己的国土上什么问题都能解决，根本不需要外国的知识。至于外国的好东西，主动进贡自然是欢迎的，拿钱去买好像就没有这种必要了。

乾隆年间，英国国王为了表示礼尚往来，派人给乾隆皇帝送来了一支当时非常先进的枪。可是乾隆皇帝完全不当一回事，不仅没有下旨研究、仿制，甚至把枪束之高阁，连碰也不碰。后来英法联军火烧圆明园时，发现了这支完好如初的枪，这才恍然大悟，为什么中国军队如此不堪一击。中国统治阶层观念的落后，直接影响到官员，也包括老百姓。只是经过一次又一次的失败，中国人的思想才稍稍开化。

同治六年（1870 年）秋天，第四艘战船“威靖”完工。“威靖”号船头和船尾都装有德式克虏伯大炮。其中舱面第一层安装了克虏伯第 5 号 120 磅子弹钢炮 1 尊、克虏伯第 4 号 80 磅子弹钢炮 1 尊。第二层舱面两旁安装了克虏伯第 3 号 40 磅子弹钢炮共 16 尊，第 4 号钢炮 2 尊，另外配备探哨轮机舢板一只。轮船命名“威靖”，这个船名已经带有骄傲的意味，是否表明中国人对海战开始有了自信心呢？

1872 年 5 月 24 日，第五艘战船建成，当时命名为“镇安”号。这艘船仿造了外国轮船的式样，样子比较新式，船壳、锅炉和轮机都是国产。船舱有 4 层，船身上面还有绘画，安装火炮 26

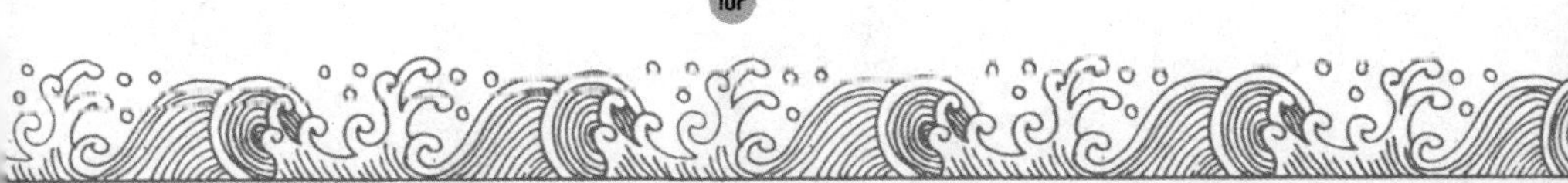

尊，可载水兵500人，是当时中国最大的战船，可以称之为兵舰了。这艘船开往金陵，由当时的两江总督李宗羲登船查验，他把船名改为“海安”，后来船名又改为“海晏”。这艘船船名的先后命名也颇可玩味，“镇安”是比较保守的意思，是后发制人。“海安”也是比较保守的，而且带有祈祷的味道，更加消极。“海晏”也可以说是体现了一种美好的和平愿景吧。据当时的《申报》称，轮船下水时，中外人士、男女老少纷纷出城竞相围观，观者不下万人。

1873年12月22日，第六艘战船“远驭”号兵舰建成下水，这艘船跟第五艘在技术数据上并没有明显的不同，也配置26尊大炮。当时有《申报》记者采访，报道中说，轮船下水时十分平稳，并没有激起很大的水花，附近的小船几乎没有受到影响，都安然无恙。

1876年秋天，中国第一艘铁甲炮艇“金鸥”号建成下水。“金鸥”号船面的铁质炮台配备了后膛120磅的弹子炮，船头是刀形的，冲击性较强。兵舰还配置了舢板船两只，但是它们吃水较浅，不能开到海上。在建造铁甲兵舰之前，江南制造总局里也是先进行小铁壳船的试制，船尾装有暗轮推进器，航行时便于调转方向，进退比较自如，在小船试制成功以后，再进行大船的建造。

1885年，“保民”号兵舰建成，它的甲板是在铁料外面包一层钢，又叫钢壳船。这种舰船比单纯的铁甲舰更坚固，可以更好地抵御敌人炮火的攻击，不易于被击穿。从此以后，中国人可以自行制造钢铁兵舰。然而，由于整个工业基础的落后，中国的兵舰制造并不能满足军事上的需要。中法海战使福建水师全军覆没，中日甲午海战又使北洋水师遭受毁灭性打击。

可以毫不夸张地说，徐寿、徐建寅、华蘅芳等技术专家就是中国第一代兵舰之父。可是在晚清这样的封建社会，他们却不能享有给自己的劳动果实命名的权利。给舰船取名的都是朝廷的军事大员——两江总督，这实在是一件没有道理的事情。

所谓总督，跟巡抚是很不一样的。巡抚是相当于省一级的地方官员，没有军权。总督是因为军事需要而设立的、大于巡抚的一种官员，它的起因虽然和军事有关，但朝廷一旦任命，总督就享有辖区的军政大权。整个清朝从来就没有完全太平的日子，所以总督实际上成为常设的官职，无论是两江总督、两广总督还是湖广总督，都是朝廷要员，声名显赫。由两江总督给战船命名似乎理所应当，这充分体现出中国传统社会的官本位思想和轻视技术人员的观念。

笔者在安庆图书馆查阅《怀宁县志》的时候也发现，志书中除大量收录各级官员外，还收录一些孝子烈女之类，就连杀人越货的奇奇怪怪的事件的当事人也被写进志书，就是找不到技术人员的名字。重思想道德和典章制度，轻科学技术和使用技能，中国历来就是如此。

除了造船，徐寿在其他制造方面也多有建树。1874 年，江南制造总局又建立了龙华火药厂，但每年要花费大量白银从国外进口火药的重要原料“硝镪水”，也就是硝酸。徐寿和华蘅芳得知这个情况后，利用徐寿曾经翻译的《化学鉴原》中的原理和工艺流程的记载，开始自行研制。1875 年 1 月 8 日这一天，成功制出了国产硝酸，这种硝酸跟西方的相比一点都不差。为此，曾国藩称赞徐寿是“江南第一巧人”。1878 年，徐寿又试制成功两尊阿姆斯脱郎大炮，试炮的结果证明这种大炮的性能非常好。

伍 另辟蹊径

1. 为“奇技淫巧”正名

徐寿接到上海江南制造总局调令，来到上海伊始就提出四项建议，第一条就是译书。因为徐寿始终认为学习科学知识的基本原理和动手实验操作同样重要，缺一不可。而中国历来只重视思想和制度，不重视科学技术，后来虽然意识到近代科学的重要性，也仍然是头痛医头，脚痛医脚，并没有从基础知识抓起。这样中国人即使学会了一些“制器”的技能，还是不懂发明，还是落后于洋人。所以他在制造轮船枪炮的同时，一直也没有放弃对科学，特别是对物理、化学知识的学习钻研。

就在到达高昌庙厂区的第一天，徐寿目睹了一件事，也坚定了徐寿要译书的决心。那一天，华蘅芳领着徐寿、徐建寅参观新的工厂。一个外国技术人员正指挥十几个中国工人安装一台车床。这些工人既没有看见过类似的机器，也没有接受过专门的训练，他们只是根据洋人的手势和眼光进行操作，结果就把机床的方向装反了。洋人一看，眼中就发出凶光，随手给了身边的中国工人一记巴掌。徐建寅怒不可遏，也差一点冲上去给洋人一个巴掌，被华蘅芳按了下去。这件事给了徐寿很大的刺激，他认为，中国要发展科学技术，必须从培养技术人才和培养有素质的工人开始，一边搞事业，一边抓培养。因为中国落后，没有相关的书籍，也没有相应的学校，所以当务之急只能先翻译外国的科技书籍，以解燃眉之急。

徐寿向曾国藩建议开展翻译活动时说："将西国要书译出，不独自增识见，于国家亦大有裨益。"但一开始曾国藩并没有同意徐寿的建议，他认为中国人只要利用洋人、洋材料和西方技术，把船造出来就行了，没有必要搞什么翻译。其实他的言外之意就是中国目前还没有称职的翻译人才。这当然是一种目光短视的行为。任何一种人才都是在实践中成熟起来的，不试着去做，永远都成不了人才。

在世界科技进步的过程中，技术人员和科学家往往是走在政治家前头的，也往往是孤独的。在欧洲，布鲁诺因为赞同哥白尼的“日心说”在罗马被教会处以“火刑”，伽利略也因为支持这一学说被罗马宗教裁判所处以终身监禁，直至去世。

在中国的许多封建遗老遗少们看来，只有那些儒家的经学之类和封建迷信的说教之类才是值得传播的，西方的知识那就是“乱我人心”的“奇技淫巧”，学习外国的东西就是向夷人示弱，“有损大清国天朝的体面”。

既然曾国藩没有同意，徐寿也不能自我标榜就是人才，因此采用了迂回战术。他找到了江南制造局的总办冯焌光和几位负责的人，向他们反复解释译书不仅对当下的江南制造局非常重要，就是对局里的将来也同样非常重要，如果以后技术人员断档了，制造局也就办不下去了。而且把西方的科技书籍翻译出来还能广为印刷，给局里挣钱，造福社会。这些人的官职比起曾国藩要小得多，所以说话比较方便，可以不厌其烦。他们被徐寿的精神所感动，终于点头称是，还帮着向曾国藩施加影响。

曾国藩毕竟不是如同井底之蛙的皇帝、太后之流，而是洋务运动的倡导者，他后来还是理解了徐寿的主张，同意了他的建议，让他试着做起来。在看到了徐寿等人先期翻译的一些书稿后，曾国藩觉得质量不错，就上奏同治皇帝，说局里的一些职员

在译书上面非常用心。不久，皇帝批准了曾国藩的奏折，并且下拨了建立译馆的银子。

得到这个消息后，徐寿大为振奋。当即在1867年的3月间，从英国函购《大英百科全书》，又通过傅兰雅购买西方书籍，积累了一部分可供翻译的原版书。1868年，江南制造总局译馆正式成立，这不仅是江南制造局的一件大事，也是中国19世纪科技史上的一件大事。

那时国内较有影响的翻译机构有清政府官办和外国教会主办的两种。前者像北京的京师同文馆，不但译书，还培养了中国第一批的翻译人才，南方最大的就是江南制造总局译馆；后者如上海的墨海书馆、广州的博济医局。偌大的中国，从事翻译工作的机构相当少，比较好的就更少，自然是非常稀罕的。

徐寿在江南制造总局陆续试制成功硝酸、棉花火药、汞炮炸药后，就把主要的精力放在了译馆的工作上面，这是徐寿晚年人生活动的重要变化。

江南制造局的翻译馆设在局里的西北角，经过两年左右的建设才全部落成。落成后条件较好，共有24间工作房，每人一间，既相对独立，又方面交流。旁边就是刻书处，译好的书马上可以刻印。译馆成立后广泛搜罗翻译西方的各种书籍，使得江南制造

江南制造局译馆内徐寿、李善兰和华蘅芳（选自《江南造船厂志》，上海人民出版社 1999 年 12 月版）

局成为一个西方科学知识的汇集地。

建馆早期，翻译馆聚集的外国译员有英国的约翰·傅兰雅（Jonh Fryer）、伟烈亚力（A Wylie），美国的玛高温（Mac Gowan）、金楷理（Carl Kreyer）、林乐知（Young John Allen），中国译员有略懂西学之人徐寿、徐建寅、华蘅芳、李凤苞、王德均、严良勋、丁树棠等人。随后又有优秀的翻译人员加入，比如美国人卫理（Williams）、英国人秀耀春（James），以及中国的舒高弟、赵元益、汪振声、钟天纬、贾步纬、徐华封。据统计，整个翻译馆共有译员59人，其中外国9人，中国50人。

事实上，正如徐寿所设想的，江南制造总局的翻译馆成为中国早期重要的兵工专业情报翻译机构。它及时翻译出版了大量高质量的科技书籍，密切配合了工厂的军工生产，也帮助了中国的科学技术近代化进程，其中翻译出版的一些专业词典填补了我国在这方面书籍的空白。

2.“淡轻四绿”的创意

晚清时期的翻译过程是很有意思的。汉译的人往往自己并不懂外文，所以必须采用转译的方法。就是找一个懂汉语的外国人，让他把外国书籍的内容用汉语说出来，中国的译者再用文言记下来并整理出书。所以这种翻译至少需要由两个人来共同完成。这两个人一中一西，到底以哪个人为主，有时候很难说得清楚。

一般来说，如果是翻译文学作品，因为文学翻译本身就是二度创作，所以汉译者起的作用大，人们也总是记得汉译者的名字，另外一个人的姓名则往往为人所忽视。比如著名的翻译家林纾——林琴南，自1899年开始翻译出版《巴黎茶花女遗事》，一发而不可收，一生共翻译了欧美等国小说180多种，约1 200万字，影响之大，无人可以望尘，真可以说创造了翻译史上的奇迹。这位大名鼎鼎的林先生就是一个不懂外文的人。据说他也背了一些外文单词，是怎么背的呢？说来好笑，他只会念字母，b-o-o-k,他就记住是“书”，而念不出这个词的发音，所以他也就说不来外语。

翻译科技书籍困难就要大得多。外国译员的汉语讲得一般都不太流利，找不到合适的词来表达的时候，只能借助手势。但是有时候，就连做手势也无法表达，只好再配上表情，那种怪模怪样的腔调简直就像是小丑表演。即使是这样，中国译员也还是需要一边看一边听，冥思苦想半天才能大致搞清楚。

江南制造总局翻译馆从1871年开始出书，最早出版的有徐建寅翻译的《运规约指》、徐寿翻译的《化学鉴原》。到1907年，共译书23类，160部，1 075卷，其中兵学类书籍超过译书总数的百分之二十。徐氏父子翻译的近代化学著作7部，把西方近代化学的各个分支，如有机化学、无机化学、定性分析化学、定量分析化学、物理化学，以及化学实验方法和化学仪器的使用方法

完整地介绍给了中国读者。

在整个的译书过程中，徐寿涉猎较多，翻译了《西艺新知》正刻本、续刻本，《化学考质》、《化学鉴原》正篇、续补篇，《化学术数》、《物体遇热改易记》、《汽机发轫》、《营阵揭要》、《测地绘图》、《宝藏兴焉》等 12 种，主要是蒸汽机和化学方面的内容。

徐寿翻译的《化学考质》和《化学求索》分别是中国第一本定性化学分析和定量化学分析的著作。《化学鉴原》则被当时的学界称为“化学善本”，广泛流传，享有很高的声誉。徐寿是比较系统地介绍西方近代化学知识的第一个中国人，他奠定了中国近代化学学科的基础，功劳实在是很大的。

徐氏译书开始是在上海租界自己的家里进行，后来翻译的规模扩大，才移到译馆工作。徐寿在翻译之前对原著版本挑选非常严格，必须是新出的著作而不能是陈旧的著作。那时他所选用的基本上是 19 世纪 60 年代欧美国家的科技名著，这就叫“取法乎上”。古人说：“取法乎上，仅得其中；取法乎中，仅得其下。”意思是说，做事要对自己提出高标准，这样的话可能只达到中等的效果；如果对自己只提出中等的标准，那么很可能只达到下等的效果。因此，徐寿一定要把西方最先进的科学技术知识拿来翻译，介绍给国人。

徐寿翻译的笔风也十分严谨，这跟他少年时期打下的文学基础不无关系，梁启超看了他的译著以后也不由得对他啧啧称赞。

徐寿译书的最精彩之处莫过于给西方的化学元素一个符合汉字规律的创意性的命名。在徐寿生活的年代，中国没有外文字典，中国人不认识外文字母，也不使用阿拉伯数字，几乎全部的化学术语和大部分化学元素名称在汉字库里都找不到。怎么样翻译这些化学元素，既能使汉译名词符合科学意思，又能使汉译名词符合汉字规律、方便国人使用，徐寿和他的搭档傅兰雅真是煞费了一番苦心。

经过反复思考讨论，最后徐寿他们制定了两个原则。第一，中国原来就有的物质名称仍然沿用，比如金、银、铜、铁、锡、铅、汞、硫、磷、炭。第二，中国人原来不知晓或没有命名的物质元素，则采用“形声”法造出新字作为代表。

“形声”是东汉语言学家许慎归纳出来的四种汉字造字法之一。形声字是一种合体字，由两个部分组成，形旁表意，声旁表音。形声字最大的好处就是它既表意，又表音。即使是一种新的东西，人们看到“金字旁”便知那是一种金属；人们看到声旁，根据同音的法则，也就知道该如何发音。所以自从形声字发明以后，它就成为最主要的造字方法。东汉的时候，形声字已经占到

汉字总数的百分之八十，当代形声字则占到百分之九十以上。

徐寿译书的时候，对于固体的金属元素，就加上“金字旁”作为形旁；至于声旁，就看这个元素在西文当中的第一个音节，根据这个音节选取汉语的同音或近音字。所以“Mg”就译成“镁”，“Ca”就译成“钙”。对于固体的非金属元素，就用“石字旁”作为形旁，因为石头是典型的天然固体物质。

但是对于气体，徐寿当时没有想出用“气字头”做形旁的方法，因此，“氧”被译为“养气”，“氢”被译为“轻气”，都用了两个汉字，使用起来不够方便。

徐寿按照他和外国译员制定的这个原则翻译，就使所有化学元素都有了汉语译名，并且最早编制出汉语版本的化学元素表。他译定的64个汉语元素名称中有44个成为标准译名，至今还在沿用。在这个过程中，徐寿还编写了两部中西化学名称对照表：《化学材料中西名目表》和《西药大成中西名目表》。

在兵学书籍的翻译上，徐寿也是卓有成效的。他翻译的《营城揭要》，介绍了作战时筑城造营的方法。《测地绘图》介绍了如何测量地面，绘制地图、特别是绘制军事地图的方法，测绘经度纬度又该如何使用数据表和照相印图等。

徐建寅翻译的更加多，他和傅兰雅合作翻译的《运规约指》

完成于 1871 年。以后陆续翻译了《化学分原》、《声学》、《电学》、《兵学》、《器象显真》、《器象显真图》、《摄铁器说》、《艺器记珠》、《造硫强水法》、《石板印法》、《造铁全法》、《汽机新制》、《汽机必以》、《海军章程》、《水师操练》、《轮船布阵》、《营城揭要》、《操格林炮法》、《测地捷法》、《绘画船线》、《造船全书》、《兵法新书》等 20 多种，主要是在兵法、物理学和制造方面。

徐建寅的翻译也是非常美妙的，比如“淡轻四绿”、“铝二养三”这样的一些化学名词，乍一看还以为是某首诗词里面的四音节结构，其实却是氯化铵、三氧化二铝。虽然用现在的眼光来看这些翻译好像还有点幼稚，没有加上“气字头”偏旁，不能表明它们是气体。不过，从汉语音节美的角度来看，他们那时的译法优于今天的译法，而且多少也体现出物质分子组合的特性。我们今天所使用的“氮”、“氢”、“氧”跟那时候翻译的“淡”、“轻”、“养”不就是同音字吗？

徐寿、徐建寅翻译西方化学书籍的时候，日本也在努力引进西方科学。有一天，翻译馆里来了几个日本人，领头的也是一个格致家，叫柳原前光。他一进门就点头哈腰，每介绍一个同行，都要说一句“请多多关照”。徐寿和傅兰雅也礼貌地敬茶让座。坐下来之后，柳原前光就说：“贵国翻译的《化学鉴原续编》一书已传入敝国，对敝国国民素质进化和化学工业大有裨益。敝国一些株式会社遵照书上介绍的方法，造出了啤酒、颜料等物。通产省此番特派我等前来表示感谢，还请两位不吝赐教。”

听完翻译说完柳原前光的话，徐寿心里不禁深深地感叹起来：日本自明治以来大兴格致，国家为之振奋。《化学鉴原》和《化学鉴原续编》引入不过几年工夫，已经将知识转化为产能，对我大清形成咄咄逼人之势。而我朝野上下仍有很多人对格致不屑一顾，或顽固认为是奇技淫巧。我辈译书虽已不少，但认同者鲜有，能够投入生产者也只有少数几家制造局而已。

见徐寿并未言语，柳原前光就对着徐寿发话：“徐先生，我等这次前来，除了表示感谢，并再购一批新书以外，还想请问您是否还有新书要翻译呢？”

徐寿听了此话虽然并不愉快，但他一向秉持不说假话的原则，也只好照实直说：“正和傅兰雅先生合作，翻译《化学鉴原补编》等书。”柳原前光连连点头道：“徐君和傅兰雅君的译书对贵我两国的文明开化功莫大焉，必将载入史册。”

柳原前光在上海译书局学习访问，看到徐氏父子的翻译既惊讶又欣赏。回国之后，他就决定把徐氏父子的这些译书广泛提供给日本人阅读，而且把徐氏使用的化学元素汉语译名直接用作日语译名。

日语所使用的文字大概好算是世界上最好玩的文字了，它是一种混合文字，包括假名、汉字和罗马字等几种书写符号。其中“假名”是古代日本人根据汉字的一些偏旁或部件变形而成的字母，有平假名、片假名两种不同的写法。汉字也是主要采用汉语的汉字，但是有些汉字的偏旁或笔画被改动，比如两点水改成三点水之类，这样的字叫作日语汉字，中国人学日语时容易弄错。所谓罗马字是采用西方的拉丁字母，用来表明人名、地名的书写符号。这种混合文字虽然乍一看很复杂，但是，常用名词、动词、形容词的词根都使用汉字，因此，汉字依然是中日两国人民比较熟悉，而且乐于接受的文字形式。

可以说，柳原前光是个非常聪明的、懂得语言规律的人，这种快捷简便的“拿来主义”对于用较快速度学习西方先进科学是很实用的。我们中国人在五四时期大量地引进西方社会科学知识的时候，主要也是采用快捷的音译方法的，比如流传很广的“德先生”（民主）和“赛先生”（科学），当时就翻译成“德莫克拉西”和“赛因斯”。时至今日，徐氏父子发明的化学译名有些已经不在汉语中使用了，但是在日文中还可以看到，这也许是徐氏父子对日本文化的一个贡献吧。

3. 值得尊敬的傅兰雅

讲到科技书籍的翻译就不得不提到几位重要的外国人士。在翻译的过程中，外国译员必须先把书中的道理讲清楚，让中国人搞明白，然后中国译员才能用汉语正确地表达出来。在外籍译员当中，以英国传教士约翰·傅兰雅对江南制造局的贡献最大，徐寿和傅兰雅也在长期共同的翻译工作中结下了深厚的友谊。傅兰雅本来并不擅长科学技术，但是为了帮助徐寿的翻译工作，他不辞辛劳自学了多方面的知识，自己也成了半个专家。

傅兰雅 1839 年出身在英国的一个牧师家庭，家境比较贫寒，读书期间不得不靠打工维持学业。傅兰雅的父亲对中国抱有浓厚的好奇心，一度希望来中国传教，但是未能成行。傅兰雅受到父亲的影响，阅读了许多有关中国的书籍。1860 年，傅兰雅从师范学院毕业，接受了英国圣公会的派遣，到香港保罗书院担任院长，教授英语，还跟一位中国先生学习汉语。1863 年，傅兰雅来到北京，担任同文馆的英语教员，结识了朝廷政要文祥等人。两年以后，傅兰雅又到了上海，担任了英华书馆的校长。学生上午学英语，下午学汉语，傅兰雅下午也跟学生一起学习汉语。在教学活动之余，傅兰雅还兼任了《上海新报》的编辑。后来，英华书馆的聘用期满，傅兰雅就来到了江南制造局译馆。

傅兰雅并不是一个科学家，他所知道的只是作为一个大学生应该知道的一般的数理化常识。但他对科学技术和翻译工作特别有兴趣，为了更好地与中国译员合作，他努力自学相关方面的知识，每天都把自己沉浸在翻译工作的乐趣之中。在翻译每一本书之前，他总要先把书籍的内容搞懂。在翻译的时候，他就逐句逐句地把内容说成汉语，让另一个译员用汉语记录。碰到难以表达的句子，他会向中国译员反复讲解，最后字斟句酌，使句子符合中国语法。这种独特的华洋结合、口述笔录的翻译方法由意大利传教士利玛窦所创，但是由于时代的原因，傅兰雅能够在官方认定的翻译机构中工作，跟中国译员可以进行自由的讨论，所以他的翻译质量是更加准确和流畅的。

更为难能可贵的是，傅兰雅不像许多传教士那样为自己母国的侵略行径服务，致力于使中国基督化，傅兰雅是真心希望中国跨上向文明进军的路途。他和一般传教士不同的地方还在于，他认为要将西学传授给中国人，仍然要用汉语，而不是让中国人忘掉汉语改用西语。他说："一个希望自立的大国，怎么能放弃自己的语言文字而用别国的语言文字呢？"

在翻译什么样的书籍的问题上，傅兰雅和朝廷官员也有不一致的看法。一些洋务大臣急功近利，着急要翻译的是和军工有关的书籍。傅兰雅则认为要从长远着想，有系统地翻译更多、更新的基本科学知识，所以，他特别想把《大英百科全书》译成汉语。傅兰雅在翻译教科书问题上，也反对利用教科书把读者引向上帝，而是提出科学应该与宗教分离。虽然他这个主张没有获得支持，但他还是在自己所编译的教材中尽量体现出科学主义的精神。

另一位主要的译员是美国监理会传教士林乐知。他在大学时代就渴望成为一名海外传教士。1859 年 12 月，他带着新婚的夫人和不满 5 个月大的女儿，乘船从纽约绕道大西洋经过好望不好过的“好望角”来到了中国上海。林乐知刚来上海时先学习汉语，取名林约翰。后来，美国发生南北战争，林乐知所属的美国南方教会中断了对他的经济援助，他的生活一度发生困难，但是他并没有放弃在中国的工作。1871 年起，林乐知被聘为江南制造所的译员。

4. 格致书院成中坚

自从清朝政府承认五口通商以后，洋货源源不断进入中国市场，极大地吊起了各种外国商人的胃口，他们猜想着自己一定能够赚得盆满钵满。哪里料到，他们的货物在中国销售得并不理想。于是他们开展了详细的调查，得出了洋货滞销的原因。原来，晚清的中国就像是一个巨大的怪物，政府只知道搜刮民脂民膏，从不关心民智的开化，从而养成社会生活中奢靡风气的盛行，茶楼赌场热闹非凡，鸦片烟馆人来人往。科技含量高的洋玩意很多人不懂、也不会用，看的人多，买的人却不多。

这种情形使得外国的商人们感觉到，有必要对中国人的现代知识和科技教育进行普及，以便培养中国人对外国商品的购买力。商人们的这些想法传到了英国驻上海领事麦特赫斯（W.H.M.Medhurst）的耳朵里。领事的职务原本主要就在商务，精明的麦特赫斯立刻召集各商行首脑开会商量。开会的时候真是众议纷陈，开办讲习所啦、设立图书馆啦，设立商品陈列馆啦，应有尽有。会议还就各类开办费用、物品来源等具体事项达成共识，费用由各个商行摊派及捐助。

一切初步制定下来后，洋人这才想到还需要中国人出面相帮宣传、组织，这叫“以华制华”。这个人必须具有西方的科技知识，又懂中国的传统礼仪，还能跟西洋人有很好的沟通。踏破铁鞋无觅处，这个人就在上海，就是徐寿。

外国人的意思徐寿真的看不出来吗？非也。徐寿早就想办一所像样的书院了，他先前在局里就办了一个学馆，那只是对局里的工人进行一些操作技能培训的地方而已，不是正经的学校。而要培养大批的技术人才，就必须要办像江阴南菁书院那样好的书院。

徐氏父子在翻译上取得成功后，两人都决定把这个事业做大做强，因为他们知道，只有让科学知识普及开来，让更多的人都知晓科学，科学才有力量。如果只有极少数人懂得科学，科学是会受到压制的。中国跟西方的接触既然是不可避免的事，那么，坚船利炮的硬的一手我们都领教过了，难道办教育这样的软的一手还值得害怕？所以徐寿决定将计就计，和傅兰雅联手，利用西方人的力量办起一所普及科学知识的教育机构。

在办学的事情上，国人和洋人可以说是殊途同归。傅兰雅想得更周到一些，他对徐寿说："我们还应该成立一个董事会，您和公子都担任董事，您还要帮忙拟一个章程出来，使各方面都按照章程行事。"徐寿觉得他说得有理，就答应下来。

1874 年 3 月 18 日，麦特赫斯在《申报》发表了《格致书院章程十五条》，标志着书院的创办工作开始启动。这个章程是经过徐寿的建议修改的，里面规定了书院要轮流安排各个学科的讲课，而且只讲格致，不讲宗教，这也是徐寿的一个大功劳。

到了一切都要落实的时候，困难接踵而来。开会的时候你唱我和，好不热闹，掏钱的时候你推我让，个个都成了缩头乌龟。此事为英国领事首倡，他当然应该极力促成，否则不免脸面扫地。但是商人们也有理由的，他们说，陈列的商品本来中国没有，由我们外国人解决理所当然。但是，在中国的土地上办事，建筑的费用自然该用中国人的钱呀。徐寿听闻了这样的议论，觉得争辩毫无意义，空谈不如实干。况且自己一贯的好名声要是毁在了这件事上也太不值得，这不仅关乎个人，更是关乎民族未来。

徐寿这一生几十年走过来，经历了多少磨难、多少挑战，这一回也还是不服输的。他自己先是带头捐献一千块银元，这些银元要是在无锡乡下可以买到一百亩田地，日后就是大地主而非小地主。幸亏他当时没有买地，而是拿钱出来捐助办学，“罪恶的大地主”这顶帽子没有戴在头上。

同时，徐寿又写信给北洋大臣李鸿章、南洋大臣李宗羲、江苏巡抚李仁等人，请求他们帮忙。李鸿章毕竟办洋务多年，深知徐寿做这件事于国于民都有好处，立刻调拨库银一万两。上海道、招商局等也适时跟进出资，社会各界也关注了此事，很多人

慷慨解囊。最后，以华方出资九成、外方出资一成的结果，使格致书院从动议办学起历时两年，最终顺利开张，地址就在今天的上海格致中学。学院的办学活动前后相加达40年。

请不要小看这家书院，它和各地众多的儒学书院完全不同，它不是培养封建阶级的接班人，而是中国破天荒第一所科技教育机构，培养的是具有科学头脑和科技技能的近代人才。当时的中国人都把西方的各种科学统称为“格致之学”。“格致”其实是从中国儒家的“格物致知”那里来的，它和“诚意正心”、“修身齐家”相联系，跟西方人讲求严格的逻辑推理和崇尚实验不是一回事。在近代，它是science（科学）的代名词，代表学习、借鉴西方科学的一种活动。

格致书院虽然规模不大，但是它是中国第一所科技学校，意义还是很大的。徐寿自己没有进过新式学校，他的近代科学知识都是通过自学获得的，但是对于办学他却非常重视，他要办出一所正规化的、严格的、有效率的学校。因此过了几年以后，到了1879年，格致书院才正式招生。书院除课堂外，还建立了博物馆、藏书楼、阅览室和实习室。当时学校开设了矿物、电务、测绘、工程、汽机（蒸汽机）制造等理工科课程，同时配备实验课。这也是徐寿一贯的态度，他从小就认为，人不能读死书、死读书，在动脑的同时一定要动手，把书本知识转化为实践能力，才能变成一个有益于社会的人。学校在教学之余还定期举办讲座，以扩大教育的覆盖面。1877 年 6 月 29 日，书院曾邀请美国传教士狄考文（C.W.Mateer）来院讲授电学原理，并且做了演示实验，听众特别多。

格致书院虽然是个学习和宣传近代科学知识的机构，但是也时时遭受传统保守势力的挑战。刚刚开学的时候，书院每天都有人前来参观。华蘅芳这时正在筹建龙华火药厂，徐寿正愁没有人手负责接待和宣传工作，就让刚从山东机器局回来的徐建寅救这个急。有一天，来了一大帮子秀才，徐建寅就把他们领到地球仪和天球仪（太阳系示意球体）前面，耐心地向他们介绍：

“你们看，这是我们人类居住的地球，蓝色的地方是大洋，黄色的是我大清国版图，东北面与我大清接壤的是朝鲜，东面这一片弓形的岛屿是小日本。”

他转动了一下地球仪又说：“这一大片陆地是美洲大陆，这块红色的地域是美国。”他再稍稍转动了球体：“这一片是欧罗巴，这是法国，这里是英国，还有这块是德国。整个的欧罗巴还不及我大清国的疆域大。”

徐建寅不停地转动着地球仪，把五大洲、四大洋的分布和主

要国家的地理位置讲解得清清楚楚。秀才们听得也很认真，不时有人发出感叹和窃窃私语之声。

然后，徐建寅让大家看着天球，他说：

“我们人类居住的地球绕着太阳旋转飞行，所以太阳是恒星，地球是行星。月亮又绕着我们地球旋转飞行，月亮又是我们地球的卫星。所以地球和月亮是一起绕着太阳飞行的，另外一起飞行的还有七颗行星。”

徐建寅正想介绍是哪七颗行星，以及可能还有别的行星尚未被人类发现，只见一个老秀才怒气冲冲地打断了他的话头：

“先生此言闻所未闻。鄙人不才，但也是从小熟读经书，批阅史书的。天圆地方，华夏居中。华夏周边，有东夷，南蛮，西戎，北狄，这便是宇宙的版图。对外战争，在文字上也有专门名词，不能随便混用。东必曰‘征’，南必曰‘讨’，西必曰‘诛’，北必曰‘伐’。”

另一个秀才看到有人反驳徐建寅，也鼓起了勇气说：

“先生把大地称为地球，有违古训。又将四夷与中国并列，有辱我天朝国威，是可忍，孰不可忍！”

徐建寅此时也有点不耐烦听他们的陈词滥调了，但出于礼貌，还是心平气和地说：

“知之为知之，不知为不知，是知也。格物致知，乃为古训。”

他又指着一旁的望远镜说：“古人没有发明这样能望千万里之远的东西，所以不知道天上有那么多星球绕太阳飞转”。他随后又拿起陈列柜里的一段电线，接通干电池的电源，吩咐差役取来一挂鞭炮。鞭炮通上电源后噼噼啪啪地炸了起来，老秀才吓得直往后退，旁边的人看到他那一副狼狈相都忍不住哄笑起来。

徐建寅一点都没笑，他等大家笑完了，才又严肃地说：“古人钻木求火值得钦佩。今人已经发明电之用途，如果有人仍要钻木求火，是否为可悲之举？”

听了徐建寅这一番话，秀才们大多点头认可，但还是有一个秀才轻声嘀咕道：“我早听闻西洋魔术甚为了得，几可乱真，方才的演示谁能辨其真伪？”又有一个秀才接着说：“洋人如何证明地是球形？”

这时，早就在一旁想找徐建寅谈事的傅兰雅忍不住走上前来，他对方才的那位秀才说：“你可有兴趣听我讲一个真实的故事？”周围的人都一起说：“你讲，你讲，我们要听。”

于是傅兰雅就用并不流畅的汉语说了起来：

“敝国早先也有过地方地圆之争。一位密斯朗先生认为，辽阔大地不可能为球形。另一位约翰先生是个格致家，他对密斯朗

说，我讲大地是圆的，你敢跟我打赌吗？密斯朗说，谁不敢跟你打赌？我赌 800 镑。镑，就是我们英国的钱币。于是这场赌局就开始了。约翰弄来三艘木船，每艘木船上都竖起高 50 尺的长板子。然后把三艘船开到海上，排成一条直线。这时候约翰就叫密斯朗从一端的船上用经纬仪向另一端的船平视，结果就看到中间那艘船上的长板子比起两端的长板子都要凸起 5 尺。密斯朗这才相信陆地确实是球形的，因为他终于知道了一个真理，所以他爽快地给了约翰 800 镑钱。”

秀才们听得津津有味，他们还想问什么，却见傅兰雅拉起徐建寅离开了陈列厅。

5.《格致汇编》应运而生

就在创办格致书院的时期，通过频繁跟西洋人打交道，还有跟柳原前光的会面，徐寿的思想也有了很大的进步。他的关注点已经从军事扩展到民用上面，希望格致新知能为更多人所知晓，造福民生。他想到我朝地大人众，当年自己由锡金到上海购书尚且需要花费数日，则偏远地方的人想要购书必定更为不易。

正在此时，傅兰雅兴冲冲跑来了。他拿着一份广告对徐寿说："这是上海工部书信馆的一则告白，说是凡他们邮递范围之内的地方，像北京、天津、南京、武汉等地，读者若想邮购书刊，他们都可代为购买，而且不收水脚（邮费）。我们何不再办一份刊物，就委托他们邮寄到各处，岂不是好事？"

徐寿看了这则广告，也十分赞同，于是，在徐寿和傅兰雅共同努力下，中国第一种科技期刊《格致汇编》创刊了。

《格致汇编》是一份普及性的刊物，傅兰雅是挂名的主编，实际负责的是徐寿，徐寿亲自撰写了发刊词，说"此《汇编》之意，欲将西方格致之学广行于中华，令中土之人不无裨益"。这本刊物是中国第一本发表自然科学文章的刊物，但它并不是专业的科技刊物。它的内容是相当丰富的，有新闻、评论、通讯，其中包含西方科技的最新知识，比如动物、植物、机械、测绘、气象、炼钢、炼铁、化学、地学、电子等。《格致汇编》上发表的主要科技文章有《汽机命名说》，是介绍机械学的，《考证律吕说》介绍音乐，《医学论》讲的是医学。徐建寅在欧洲考察后写成的《水雷外壳造法》等文章也发表在《格致汇编》上面。

刊物开始时是月刊，后来改为季刊，陆续办刊约 16 年，一共出版发行了 60 册。创刊时每期印数 3 000 本，中间停顿过一段时间，到 1890 年复刊后，印数增加到 4 000 本。在北京、上海、天津、长沙、南昌、南京、杭州、武昌、济南、烟台、九江、重庆、苏州、广州、香港、新加坡、日本横滨、神户等40多个中外大城市建立代售点，销售点多的时候达到70多个，其影响遍及东南沿海、长江流域以及东南亚地区。在《格致汇编》每期都刊登的“答读者问”栏目里，人们可以知道，这本刊物拥有大量的读者，它激发了许多人关心科学、学习科学的兴趣。

译书、办学之余，徐寿继续为中国的各种近代实业发展贡献自己的聪明才智。他为湖北大冶煤矿铁矿、徐州开平煤矿、漠河金矿、四川机器局等机构规划购置机器和挑选人才等事宜，由建寅、华封两个儿子出面操办。

徐寿对于家乡更是倾注爱心。无锡历来就有植桑养蚕缫丝的传统，自从鸦片战争以后，上海成为通商口岸，生丝出口的需求大增。但是蚕农对蚕茧的处理方法依然很陈旧，缫丝方法也相当落后。因此在鲜茧集中上市的时候，鲜茧既不能及时加工又无法长期保鲜，只好忍痛低价卖给外国商人。外国商人则公然违背和中国政府订立的合约，蜂拥进入内地，以较低的价格收购鲜茧，加工后出售获取高额利益，而国人辛苦劳作却并未获利。

徐寿得知这个情况后十分焦急，就在自己老家开辟了几十亩桑园搞实验，发明了新型的烘灶用来烘茧，延长了鲜茧的保存期。他还制造出新型的缫丝机器，亲自示范并推广，让乡亲们都来效仿。他设计的机器和加工方法使得本地制造的蚕丝产品质量提高、成本降低，有力地抵制了洋人对中国的经济侵略。家乡百姓养蚕缫丝的积极性得到保护，生产发展，收益提高。无锡和金匮两县在清末时，每年蚕茧的价值达三百多万元，政府和民众无不叫好。

陆 奔波在大江南北

从 19 世纪 60 年代开始，洋务派在中国各地开办了许多近代工厂。开始的时候，他们是比较单纯地出于军事的考虑，但是后来以李鸿章为首的一些人也主张强军和富民都要统筹考虑，因此，还应该大力开办机器工厂。李鸿章等人的这种想法开始的时候曾经遭到朝廷内部的强烈反对。李鸿章痛苦地感慨，中国的士大夫天天都把时间耗费在辞章文句和小楷书写之中，中国的武将也大多是些粗鄙愚蠢之人。对于外国的机器，有人认为中国人没有必要去学，有人认为中国人学这些东西学不会。为了说服这些人，李鸿章绞尽了脑汁，甚至写文章详细介绍西方蒸汽机的原理，说明这种机器的妙处。李鸿章介绍说：

镟木、打眼、绞螺丝、铸弹诸机器，皆绾于汽炉，中盛水而下积炭，水沸气满，开窍由铜喉达入气筒，筒中络一铁柱，随气升降俯仰，拨动铁轮，轮绾皮带，系绕轴心，彼此连缀，轮转则带旋，带旋则机动，仅资人力以发纵，不靠人力只运动。

朝廷中的大官要人看到这样的文章时，似懂非懂，有的惊讶，有的傻笑。当时的中国没有几个人知道有蒸汽机这种玩意儿，李鸿章却能如此细致地描绘出来，的确说明李鸿章的眼光不一般。为了要制造军火和战船，必须要有为之配套的其他专业化技术工业，这对于促进中国固有的自然经济的解体和新的近代经济的产生和发展都起到了一定的推动作用。然而，光有曾国藩、李鸿章、左宗棠这样的改革“设计师”是不够的，必须要有一批头干家、科学家去把设想付诸实践。徐寿、徐建寅们就是这样的实干家。

徐建寅从17岁跟随父亲到安庆内军械所，直到他在湖北汉阳以身殉职，40年中，徐建寅几乎跑遍了清政府当时主要的机器局和造船厂。

徐寿的名气越来越大以后，许多洋务派官员都想把他招到自

己的麾下，其中就包括李鸿章、丁葆桢、丁日昌。但是徐寿对做官丝毫不感兴趣，总是用各种理由推辞。山东、四川、湖北等地设立机器局时，当地官员也都争着要聘徐寿过去指导策划。而徐寿已把主要精力转移到了翻译上面，所以就派两个儿子建寅、华封出去代行指导的任务，自己则坐在家中出谋划策。

徐寿和徐建寅作为父子既有相同之处也有不同之处。在爱好格物之学、善于自学、动手能力强这些方面，父子两人如出一人。但是在性格和眼界方面，父子两人也有明显差异。徐寿性格比较内向，除了自学和造器，对国际国内政治制度和态势不太关心，对洋务运动的局限性认识也不够，用当代的话语来形容，大概是属于那种“走白专道路”的知识分子。而徐建寅的性格比较外向，对时政经常关心，他知道科技发展只有在适宜的政治和经济条件下才能发展，因此他在江南制造总局的时候也更多地关心行政管理，在这方面也显示出才能。后来，随着徐寿年事增高，并且把主要精力放在翻译方面，一些新的研制工作落到了徐建寅身上。

1. 天津机器军火总局

清朝政府在金陵机器制造局、上海江南制造总局等近代化工厂相继设立以后，非常担忧轮船枪炮等生产技术和先进工厂都掌控在汉族地方实力派的手中，于是指派担任三口通商大臣的满族贵族崇厚在天津筹办机器局。同治六年（1867 年），天津军火机器总局成立，简称津局，雇英国人密妥士为总办，也就是总经理。这个机器局在成立后的三四年里没有造出什么东西，令朝廷非常失望。

同治六年（1870 年），李鸿章调任直隶总督兼北洋通省大臣后，朝廷就让他接办天津机器制造局并加以扩充。李鸿章接手以后，撤换了不懂机器的总办，还把原来存在苏州洋炮局和金陵机器制造局的一些洋炮陆续运到天津，又添购新机器，招募洋人工程师。在李鸿章的一番运筹下，天津机器制造局规模比过去大得多，生产能力也大大提高，主要制造枪炮、弹药、火药和水雷等，同时还修船造舰。这个局生产的火药为当时全国各个机器局中产量最多，天津机器制造局成了一个西洋军火制造大本营。

同治十三年（1874 年）的一天，徐建寅接到李鸿章的调令，星夜兼程赶往天津。在总督府，李鸿章语重心长地对徐建寅说："你一定知道了日本出兵台湾浪峤的事情吧。"

徐建寅回答："是的。听说日本出兵侵占了台湾浪峤，朝廷

居然不敢派兵抵抗，反而请求英美等国居间调停，还赔了 50 万两白银，简直是大清的耻辱。”

李鸿章说：“小不忍则乱大谋，你要体谅朝廷自有安排。”

停了一下，李鸿章又说：“近日，总理衙门下达了 6 条紧急机宜，其中一条就是赶制军火，所以把你调来天津。”徐建寅回答：“卑职愿意效劳。”

第二天，徐建寅就来到局里，知晓了局里的情况，原来负责生产子弹、火药的是个洋人。当徐建寅责问为何几年里都造不出制造火药的镪水时，此人傲慢地回答：“你看这里的破机器和一帮无用的工匠，难道可以造得出来？”

徐建寅一开始比较客气，就说：“阁下是我局用优厚的薪金聘来的，既然你无法办到，又何必答应过来？”

洋人哈哈大笑起来：“火药的镪水在我们西方也是不容易制造的，难道还能在中国造出来？真是天方夜谭！现在各个通商口岸都买得到这种东西，直接买来用就可以了。”

这一下徐建寅真是怒不可遏了，他说：“既然镪水可以买，那么火药也可以买，枪弹火炮也可以买。中国人有一句古话，叫作无功不受禄，你凭什么来这里不干事而拿我们大清的厚禄，还是回去喝你们的咖啡吧。”

此人也已恼羞成怒了，就甩下一句话："我跟你打个赌吧，你有能耐你来干，三个月后你造出了镪水，我马上辞职走人。"

实际上李鸿章调徐建寅过来就是要他负责研制镪水——硝酸。硝酸是制造火药的基本原料，我国不能自给，从外国进口则价格昂贵。徐建寅凭借自己扎实的化学理论知识和高超的实验技能，亲自参与试制，很快就造出了国产硝酸，而且价格很便宜。三个月后，那个洋人只好乖乖辞职回国。却不料李鸿章又把徐建寅叫了过去。

李鸿章对他说："这一次你为天津局立了大功，我一定会上奏朝廷的。眼下山东丁葆桢也在筹建机器局，想调你过去当总办，不知你意下如何？"

徐建寅回了一句："大人的意思是……"

李鸿章便说："中国这么大，机器局自然是不够多的。但是，这里刚刚造出了镪水，还没有合成出火药，你要是一走，这里的事情又如何办呢？"

徐建寅看出了李鸿章的意思，就语气坚定地告诉他："大人请放心，我一定抓紧时间把火药制出来，我走之前也能把工匠都训练好。"李鸿章这才满意地嗅了一下手中的鼻烟壶。

2. 山东机器局

早在同治六年（1867 年），丁葆桢就担任了山东巡抚。但是直到光绪元年（1875 年），他才在济南建立山东机器局，慕名把徐建寅招去山东，要他担任建设中的山东机器局的总办。

丁葆桢原先为工厂挑选的地址是离莱州炮台不远的地方，他认为此地离河口较近便于运输，万一有事，也可得到炮台保护。但是徐建寅勘查之后认为不妥，他说：“机器局建在河口之地，容易被洋人窥视或抢掠。机器局最好建在济南城外洛口东面的高地之上，此地比较安全。附近的章丘、长山又有煤和铁可供开采，离河道也近。”丁葆桢听后觉得有理，就采纳了他的意见。

徐寿也为儿子助一臂之力，他亲自为山东机器局设计了火药碾压机和成型机，并由英国甫恩公司加工好了以后运回山东。徐寿还派小儿子徐华封也来到山东参与机器的安装工作。徐建寅则科学组织人力，一一落实选址、买地事宜，还亲自到上海采购机器，招募熟练工人。在整个建厂过程中，徐建寅都坚持自力更生，不用一个外国人。山东机器局只引进西方设备，没有聘用外国技术人员，成为中国人自主建设近代军工企业的样板。

1876年秋天，厂房建成，设备安装到位。工厂开工的那天，丁葆桢率领济南大小官员前来观摩火药的制造。观摩结束以后，丁葆桢对工厂的建设很满意，上奏朝廷表彰徐建寅的表现，说徐建寅布置装配时亲手操作规尺，一个人抵得上好几个外国人，山东从此可以不受制于洋人了。

徐家父子三人为山东的军工事业尽心尽力，在两年时间里，帮助山东建成了一座制造先进枪炮弹药的兵工厂，除了制造出大量弹药原料以外，还造出了玛梯尼枪、后装跑和大小机器数百件。徐建寅的工作更是得到了上峰的好评，说他做事心思缜密，条理清晰，这是很准确的。

山东机器局的事情也传到了外国人的耳朵里，有些人认为中国人是在吹牛，提出要到工厂实地参观。机器局批准了他们的要求。在工厂，外国人被事实说服了、佩服了，不得不感叹中国人的才能。其中有一个外国人回国后还发表文章报道了自己在山东机器局看到的情况，他说：“工厂里没有外国人的身影，但是机器全都平稳地转动着。工厂的总办叫徐建寅。”

山东机器局的任务完成以后，徐建寅回到上海探望父亲。

在山东工作的这段时间，徐建寅和李鸿章接触比较多，李鸿章非常欣赏徐建寅的技术才能。这时候，李鸿章正准备以德国为

榜样筹建北洋海军，需要懂技术的内行去欧洲办理订购兵船等事务。于是，1879 年，李鸿章推荐徐建寅以驻德国大使馆参赞的头衔，远赴德国、英国和法国，考察兵工、造船并购买兵舰。10 月 12 日，徐建寅接到上谕，踏上出使欧洲的旅程。

徐建寅在欧洲呕心沥血考察工厂，为中国海军订购军舰，说老实话，办诚实事，却得罪了清廷驻德国大使李凤苞和当朝权臣李鸿章这“二李”，被莫名其妙地召回国内了。回国后不久，徐寿为徐建寅受朝廷冷遇倍感不平，郁郁寡欢，加重了原先病情，于 1884 年在格致书院上课时倒地猝死，享年 66 岁。

3. 金陵机器局

按照当时的丧葬礼仪，徐建寅应该为父亲守制尽孝三年。三年守制尚未结束，两江总督曾国荃便急着邀请徐建寅前去会办金陵机器局。20 年前，徐建寅和父亲一起来到金陵，亲手造出“黄鹄”号，并送它下水。如今，扩建后的工厂已经大大超出了他的想象，机器设备增加了很多，机器的质量也有明显提高。但是据机器局总办介绍，生产出来的军火并不好使，这使徐建寅感到纳闷，他决定亲自下厂了解情况，指导生产。

第二天，徐建寅就来到机器车间。走近一台车床时，只见一个工头正在鞭打一个工人。徐建寅立刻跨前一步大喊："住手！"

那工头看到来人穿的是一身便服，就趾高气扬地回了一句："走开，不关你的事"，一边说还一边在徐建寅的前面甩了一下鞭子。跟在徐建寅身后的官吏连忙冲上去抓住工头的手说："你不想活了吗？这是刚来的会办徐大人。"

工头一下子跪倒在地上连声求饶。徐建寅把他拉了起来，问他问什么要鞭打工人。工头从机器上拿起一个尚未完工的零件递给了徐建寅，徐建寅仔细检查了一下，确实有一道裂纹。

徐建寅又问工头："这个零件是这工人在车床上车坏的吗？"工头回答："那还用说？"

徐建寅转过身来又问工人："这块车料领来时你可验看过？"工人照实回答："不曾验看。"

徐建寅就告诉工人："这条裂纹是翻砂时造成的，并不是你车坏的。以后领料时一定要注意验看，这样才能分清责任。"工人感激得连声道"是"。

然后，徐建寅又问工头："你可曾学过制造？"工头再也不敢放肆了，只好实说："小人出身军伍，未曾学过制造。"徐建寅只好对着前来陪同的官员苦笑。

没过几天，机器局就贴出了一张告示，颁布了新的厂规。告示上的主要内容有：

自即日起，本局所有官员、管事人员和工头，均不得鞭笞、殴打工人。

实行新的工薪发放办法。管事人员和工头仍按计时工薪发放，工人可按其所作工件多寡计件发放工薪。

每日工时由12小时缩短至9小时。

解聘不称职的管事和工头，随时提拔有才能的人。

工人们知晓了这个布告内容后无不欢欣鼓舞，生产积极性大大提高。不久，徐建寅又根据德国克虏伯炮厂的铸钢方法制出了国产钢，还造出了新式后膛枪，枪炮子弹、水雷的生产数量和质量也得到提高。在徐建寅日夜操劳、始终不倦地改革努力下，金陵机器局的面貌焕然一新。

4. 镇江教案

光绪十五年（1889年）正月初六，镇江英租界的印度巡捕无辜打死一个小贩，引起市民愤怒，他们聚众烧了英国领事官署的旗帜和几处外国教堂，酿成了“镇江教案”。英国领事随后纠结美国、法国和俄国的领事一同乘坐太古洋行的轮船到上海，向清廷施加压力。面对数国领事的联合交涉，两江总督曾国荃竟然慌了手脚，不知如何对付。思来想去，最后想到了徐建寅，便急调徐建寅前往调停处理，徐建寅因为考虑到自己不是外交官，所以几次推辞。但是事态越闹越大，徐建寅考虑到应以国家为重，还是奉命前往镇江。

徐建寅从金陵来到镇江，是奉曾国荃之命，并非直接奉朝廷之命，没有钦差大臣的身份，但是镇江知府和丹徒县令都对他毕恭毕敬。徐建寅向他们二人了解了事件的整个经过，也看了焚烧英国领事馆人员的名单，心里有了主意。

第二天，徐建寅派人到上海去请英国领事到镇江处理事件。英国领事又伙同美国、法国和俄国领事一道来镇江面对徐建寅。他们提出中方要赔偿焚烧他们国家的教堂带来的经济损失，还要把“聚众闹事”的中国人缉捕法办，如不能满足这些条件，他们将派出兵舰前来镇压。

徐建寅并不惧怕他们几个的蛮横态度，而是镇静地询问英国领事：“请问贵国如果发生了行凶害命的案件，贵国的法典是如

何规定的？”

英国领事没有想到徐建寅会提这样的问题，顿了一下，他说：“印度巡捕伤人的事本人自会处理，无须阁下过问。”

徐建寅见英国人承认了事件的起因，便上前一步说道：“先生既然已经知道事件是由英国雇员无端滥杀我大清百姓所造成，那么根据《万国公法》处理国与国之间纠纷的相关条款，应该首先追究起因，而且不得节外生枝。因此，贵方理当首先惩处凶手，以平民愤。至于教堂被烧带来的经济损失，我方自会酌情补偿。”

《万国公法》原名叫《国际法原理》(*Elements of International Law*)，是美国外交官惠顿（Henry Wheaton）撰写的。1862 年，美国传教士丁韪良（W. A. P. Martin）开始把这本书翻译成汉语，1864 年译成发行。这本书一共有四卷，内容包括国际法的渊源、国际法的主体、平时法和战时法，阐述比较详细。自从《万国公法》引入中国以后，中国的高级官员中的有识之士开始了解国际法相关知识，并懂得如何把它应用到国际纠纷当中。在徐建寅看来，这部法典就相当于后来的联合国公约，这本来就是西方国家设立并倡导的东西，也是西方国家引以为豪的精神文明产物，你们西方人要是不尊重它，他就等于一张废纸了。

徐建寅拿出了《万国公法》作为说理的依据，这使得英国领事十分尴尬，一时语塞。

美国领事见状连忙替英国人帮腔说："鉴于此次冲突未造成外国人员伤亡，我看双方应互做让步。双方的肇事者由双方各自处理，房屋损失由中方赔偿。"

法国、俄国的领事也连声附和，英国人也就无话可说了。徐建寅本来还想提出英方应交出行凶者，但是忽又想起清政府已允诺外国人在中国的治外法权。弱国无外交，能够保全"闹事"镇江市民的生命权利，并阻止外国的武力威胁，也算是不坏的结局了，徐建寅只好放弃了这个要求。

一人独挡好几个国家的领事，不卑不亢，据理力争，不到三个月，便平息了事态。这在习惯于以委曲求全办理涉外事件的清政府来说，无疑是难能可贵的结果。后经曾国荃奏请，清政府对徐建寅进行了表彰。

5. 调查甲午海战

光绪十六年（1890 年）春天，徐建寅奉调会办湖北铁路。那时张之洞正在兴办汉阳铁工厂和枪炮厂，需要大量煤炭。为了减少从国外进口，徐建寅利用他的地学知识，在大冶沿江的胡家湾勘探到蕴藏量十分丰富的优质煤矿，当即进行开采，夏天就开出了烟煤。这种煤既没有硫气，又不掺石质，质量完全可以与英国的上等好煤媲美，一下子就解决了汉阳铁工厂和枪炮厂的用煤需求。

徐建寅出色的格致知识和出众的实干才能已使他在朝野之中大有名声。但由于他揭露过李凤苞的贪污行径，得罪了李鸿章，因此他一直仅仅被当作一个技术官员被达官贵人差来使去，没有得到朝廷的重用。朝中许多大臣为徐建寅鸣不平，其中就有徐建寅的无锡同乡薛福成，他是出使英国、法国、意大利、比利时四国的清廷使节。

丁汝昌（选自《辞海》第六版彩图版，上海辞书出版社2009年9月出版）

光绪二十年（1894年）五月，日本趁朝鲜东学党起义之际突然出兵朝鲜，后又对中国海陆军发动突然袭击，中国海军出战迎敌却初战告负。北洋水师“高升”舰被击沉，“济远”和“广乙”两舰遭受重创，

“操江”舰被日军掠去，朝野上下一片哗然，纷纷指责北洋水师提督丁汝昌无能。此役之后，李鸿章命令丁汝昌消极防守、避战自保，陆上防务也不加强，辽东半岛大部分落入敌手，大连和旅顺两个战略要地被日军包围，整个北洋舰队陷于全歼的危险境地。

就在这个时候，光绪皇帝接到薛福成为徐建寅鸣不平的奏折，又接到翁同龢等大臣主张撤换丁汝昌，由徐建寅接任的奏折。光绪皇帝正待下达谕旨，慈禧突然从颐和园回到宫中。原来是李鸿章听到风声，跑到颐和园向慈禧求了情。面对列强、特别是日本步步紧逼的态势，清朝政府在外交上一筹莫展，满族官员更是无一人能够应付外交场面，慈禧所能够依赖的只有李鸿章了。李鸿章亲自来给丁汝昌说话，慈禧就答应了。光绪皇帝不敢违抗太后，就下了一道旨，要丁汝昌戴罪立功，以观后效，同时召徐建寅进宫。

薛福成（选自《辞海》第六版彩图版，上海辞书出版社2009年9月出版）

光绪二十一年（1895年），日

军又进犯威海卫（今威海市）。此次战役，北洋水师战舰除被击沉之外，全部被日军抢掠，北洋水师全军覆没。纵观北洋水师的失利原因，从大的方面讲，是清政府在思想上准备不足，有轻敌的想法，战前观望犹豫，幻想和平。其次是官员腐败，弹药准备不足、不精。再次是李鸿章用人不当、战略失误。虽然战士们英勇杀敌、不怕牺牲，但是败局早已定下，无法挽回。战事结束之后，光绪皇帝当然要查明战败原因、追究有关人员的责任，因此就要物色一位既能对国家忠诚、又有军事知识的能干人才去充当此任。想到此前，许多大臣都向朝廷推荐徐建寅，光绪也认为此任只有徐建寅担当最为合适。

光绪皇帝见了徐建寅，向他咨询有关时局的看法，还派他去查验天津、威海的船械等事宜，封了他“督办军务章京”的职位。徐建寅担任军机章京之后，李鸿章已经代表清朝政府同日本签订了《马关条约》。

徐建寅奉旨赶赴天津和威海卫。在威海卫海港，徐建寅乘坐小艇查看了一艘艘被击毁的北洋舰船。在“定远”和“镇远”舰上，他抚摸着甲板上的累累弹痕，不禁悲从中来。20年前，他在欧洲花了多么大的心血才定制了这两艘军舰。20年中，这两艘军舰也曾遭受敌人无数次的炮火攻击，但是全船没有一处被击穿，这正是他当年向德国船主提出的设计要求在实战中得到的结果。再环顾海港四周，一些被拆了零部件的船体横七竖八地浮在水面，一片凄凉的场景。徐建寅心中十分清楚，甲午海战失败并非由于兵舰不如日本，“人祸”才是主要的原因。

回京以后，徐建寅把调查的情况如实向朝廷做了汇报。

6. 福建船政局

光绪二十二年（1896 年），徐建寅被调往福州船政局。

福州船政局又称马尾船政局，1866 年（同治五年）由时任浙闽总督的左宗棠在福州创办，左宗棠调任陕甘总督后，由沈葆桢担任船政大臣直接领导。船政局的位置在闽江下游白龙江和乌江交汇的马尾，这个地方江面之上的礁石形状很像一匹马，又叫马江。这一段水面开阔平缓，是进出福建的重要门户和天然良港，也是开厂造船的理想之地。

福建船政局占地面积较大，各类建筑物上百座，是直属清廷的特殊机构。它不仅设计并制造轮船，还负有教育功能：传播西学，培训轮船制造和驾驶的人才，甚至还节制福建水师、保卫海防。当时它是中国第一家轮船制造的专业工厂，雇用了法国人日

意格、德克碑为正副技术监督，还雇用了法国技师和工头。这个局的造船工人全国最多，造船数量也最多，江南制造局只能排到老二。福建船政局的设立是中国人大规模制造轮船的开始。

在福州，徐建寅得到当时的浙闽总督兼船政大臣裕禄的接见。裕禄对徐建寅说："甲午之战后，朝廷对船政十分重视，我早就听说了你的才能，特地上奏朝廷把你调来。"说着，他又拿出上谕给徐建寅看，上谕里写着：

> 直隶候补道徐建寅，熟悉机器制造，已由总理衙门电函该员前往福建船政局听候差遣。着裕禄察看能否派充提督，酌情办理。钦此。

裕禄还特意指着"着裕禄察看能否派充提督"这几个字说："你看你看，一定是有人在朝中说了对你不利的话，皇上才对你不那么放心。你早就担任过江南制造局的提调，又总办山东局，会办金陵局、湖北局，如今到福建当个提调还要考察，岂不是……"

徐建寅心中当然明白是怎么一回事，不过他还是坦然回答："卑职从不计较官位，只求报效国家。"裕禄脸上露出了笑容，连说“好，这就好”，接着从抽屉内取出一叠图纸递给徐建寅：“这是局里的法国人提交的鱼雷艇设计图样，请你仔细审核一下。”

徐建寅接过图纸摊在桌上，稍后，他对裕禄说：“这种鱼雷艇早就过时了，卑职当年在欧洲考察时，这种船已经停止制造了。”

裕禄不禁“啊”了一声：“幸亏被你一眼看破，否则我局就要吃大亏了。”

徐建寅接着建议道：“甲午之后我国舰船损失严重，急需补充。趁这个机会，我们应该制造新式的兵舰，以适应未来的战争。我看，我局最好不要再造鱼雷艇了，而是建造鱼雷快艇。”

裕禄爽快地同意了徐建寅的建议，还对他说：“我还要禀报皇上，你不但胜任提督，而且胜任总办。本督完全信任你，今后局内一切船政事务你都可以先斩后奏。”

得到裕禄的支持，徐建寅的工作比较顺利，他立即着手设计制造了 6 500 匹马力、排水量 850 吨、时速 23 海里的鱼雷快艇，造成后命名为“建成”和“建安”，他还设计制造了当时中国最大的船坞——青州船坞。

有一天，徐建寅来到船政局附设的学堂，看到一个教师正在上算学课。班上的学生皆身穿华服，却不认真听课，有的交头接

耳，有的自顾自看书。随从大声喊道："总办徐大人到"，学生们这才三三两两立起身来。看到这个样子，徐建寅很是恼火，但是他并没有当场发作，而是挥挥手示意继续上课。

回到办公室，徐建寅叫来学监了解情况。学监告知，学生多由各地保送而来，不少都是官员子弟，但很多人是无意求学的。徐建寅生气地说："船政学堂是官学，非私学，怎可花了国家的钱而不好好读书，岂有此理，非改一改不可。"

过了几天，学堂门口贴了一张由徐建寅签署的布告，上面说近期要对所有学生进行考核，凡不合格者一律作退学处理，今后录取学生也要经过考试。

布告一经公示，立刻引来官员子弟的众声喧哗，他们跑到裕禄跟前告状，要求撤销这一决定。

裕禄找来了徐建寅，徐建寅毫不退缩，力陈道理，最后，裕禄也被说服，他拍拍徐建寅的背说道："你处处为国家考虑，很有远见，难能可贵，我支持你。"

就这样，在徐建寅的坚持下，学堂的招生制度和管理方法都得到了改革，教学效果也明显改善，为国家培养了不少造船技术人员和海军人才。在光绪二十三年（1897 年）冬天，德国军队侵占我胶州湾，徐建寅闻讯后茶饭难进。他徘徊在青州船坞，看着自己设计的两艘鱼雷快艇，忧心忡忡。他想，徐氏一门三人几十年来致力于格致事业，造出多少军火和战船。但是国势一天比一天衰弱，战事一开总是我国战败，自己辛苦制造的兵舰和武器成了敌人的战利品，心中实在是心痛不已。但是作为一个下级官员，自己又能怎么办呢？他还是想到了著书。于是在繁忙的工作之余，徐建寅抽空撰写了《兵法新书》16卷。他在书中提出：

“欲图存须自强，欲自强须备战，备战须练兵，练兵必立法也，非此不可为国”。

在徐建寅看来，面对西方列强咄咄逼人的侵略行径，中国若一味割地赔偿以求和，中国四万万同胞就永远无法摆脱做奴隶的耻辱，中华民族永无出头之日，只需几十年，中国就会面临亡国亡种的厄运。

《兵学新书》16卷总结了步兵、骑兵、炮兵的作战方法，介绍了各种武器的操作方法，还有搭造兵营、挖战壕、军需运输等和作战有关的内容，这本书曾经上呈给光绪皇帝。在此期间，他还撰写了《测地捷法》，编译了《水师操练》三册十八卷、《轮船布阵》二册十二卷、《格林操炮法》一册一卷、《水雷辑要》二册二卷等军事理论和技术著作，共计 40 多万字，为国防建设献计献策。

7. 汉阳火药厂

光绪十五年（1898 年）, 张之洞由两广总督调任湖广总督，第二年，他把原来想在广州筹办的枪炮厂移到湖北汉阳，添置机器，成立了湖北枪炮厂，开办了汉阳铁厂。同年，他又把炼钢厂和无烟火药厂也合并到枪炮厂，使湖北成为近代重要的军工生产基地。在汉阳枪炮厂，原来是有一个洋人负责制造炸药的，优质的火药原料从西方进口，厂里只是按照国外的配方完成炸药的配置过程而已。但在庚子之年，时值八国联军侵略中国，西方国家停止向中国供应火药的时候，那个洋人提出要按照约定回国度假，没有商量的余地。在这时局紧张、急需军火的情况下，洋人的突然离去弄得张之洞又急又恼，于是想起了徐建寅，请他前往湖北督办全省营务。徐建寅接到调令前往武昌、汉阳等地协助枪炮弹药的研制和生产的同时，还担任湖北营务处和教吏馆的武备总教习。

徐建寅来到湖北以后，张之洞委任他为汉阳火药厂总办，全权负责制造火药的重任。火药，又叫钢药，火药厂也叫钢药厂。工厂原来的总办只是一个官僚，对火药技术一窍不通。但此人和李鸿章颇有交情，李鸿章也想在湖北安插一颗棋子，于是此人便成了个只拿饷银不干好事的“好事之人”。张之洞赏识、任用徐建寅，使原来的总办怀恨在心，对李鸿章来说也是一个心病，他不愿意能干的人跑到别人的手下。

火药是中国的四大发明之一。火药在中国等东方国家曾经泛指起爆药、火药（包括发射药和推进剂），也指猛炸药、烟药，是由硝（硝酸钾、硝石）、硫和炭配置出来的黑火药。但是一千年来，中国的火药在技术上一直没有什么进步。1840 年鸦片战争中，林则徐在广东虎门炮台抵抗英军时，仍然用缸来盛放火药。而黑火药由于颗粒粗细不均，控制不好的话就容易影响爆炸的速度和威力，枪筒炮管炸裂的事情时有发生。

西方国家从 17 世纪开始发明无烟火药，火药发生质的变化。欧洲人发明了用其他更好的氧化剂与可燃物配合而成的混合炸药，并且通过化学合成直接制成了化合炸药。对于火药这个东西，英国著名的科学史家李约瑟说过：“第一，它不应该被看作是一种纯粹的技术成就。第二，它在欧洲产生了革命性的影响，

14 世纪大炮的第一次轰鸣，敲响了城堡的丧钟，因而也敲响了西方军事贵族封建制的丧钟。它们还使地中海的多桨奴隶划船变得陈腐，不堪大炮一击。”也就是说，如果没有火炸药的应用，也就不会有近代工业革命的完成。

在德国期间，徐建寅曾经参观一些火药工厂，完全了解了欧洲硝化纤维炸药的先进性和生产过程，并且做了详细记录，只是没有机会自己亲手研制和生产。现在到了汉阳火药厂，徐建寅便亲自动手，按照化学原理，把镪水、酒精和药棉等原料进行配置，生产出了无烟火药。

在生产过程中，徐建寅经常亲自来到工作现场指导工匠操作，甚至自己动手研磨材料。三个多月后，无烟火药研制成功，实验结果表明，药力十足，质量过关，但用后会有一点渣滓。就是这一点瑕疵徐建寅也不放过，再经过一番努力，渣滓也消除了，试制获得了完全成功。

生产火药需要用到棉花，本来都是来自进口货。徐建寅在试制的过程中因地制宜改用湖北当地棉花，质量并不差。

在湖北期间，徐建寅忙中抽空，编译了《造船全书》二十卷、《绘画船线》四卷。

柒 奋力于欧洲异域

1. 接到上谕

在徐建寅生活的年代，洋务派内部开始出现分化现象，一些有识之士认识到只引进“坚船利炮”和“声光化电”并不能达到富国强兵的目的，改变中国积贫积弱的现状。徐建寅也赞同这样的想法，并也开始在政治上有所活动，以期改变中国的政治进程，推动科学技术的进步。在天津，他取得了“道员”的名分，有资格向清政府提出意见。于是他便向总理衙门递上万言书，主张政府派人到欧洲考察先进的工艺技术和管理制度。总理衙门也向朝廷奏保说，徐建寅是个胜任外交事务的可用之才。

恰好在这几年，徐建寅因为在济南工作，较多地接触了李鸿

章。1870年后，李鸿章任直隶总督兼北洋大臣、掌管清政府外交、军事、经济大权，他对于到欧洲购买军舰一事踌躇满志，而尤其看重德国，也正准备以德国为榜样筹建北洋水师，急需懂得技术的专家去欧洲办理订购。于是，李鸿章推荐李凤苞出使德国，兼任出使奥地利、意大利、荷兰的使节。推荐徐建寅以驻德参赞的名义，到德国去考察兵工和战舰的制造，并订购兵舰。

李凤苞也曾在江南制造总局时和徐建寅同事过一段时间，翻译外国的科技书籍。但是，在欧洲，李凤苞是作为官员出使，徐建寅是作为技术专家出使，身份不一样，表现也大相径庭。徐建寅为购置军舰和考察西方工厂的管理制度呕心沥血，李凤苞却在德国订购军舰时收受贿银60万两，后被革职。

光绪五年八月二十七日（1879年10月12日），徐建寅接到了一则上谕："道员徐建寅，前经丁葆桢派办山东机器局务，现派出使德国二等参赞。着传谕该员，迅速前往。钦此。"

接到上谕，徐建寅立刻打点行李赴任。

就在徐建寅到达柏林的当天，李鸿章写信给李凤苞，谈了自己对德国的看法，以示自己很有眼光。他在信中说：

我知道德国各军操练的时候炮队、马队和步兵互相配合，希望随军参观的中国年轻军官能够从中学有所得。德国生产的克虏伯50生米脱炮，可以击穿二尺厚的铁甲，制造非常精良。将来我国订购铁甲船，也应该装配这样的大炮。我这次派遣徐建寅赴德国购买铁甲新军舰，钱款只有一百万，略显单薄，大概勉强只能购买一艘，但总比没有来得好。我已经当面告诉徐建寅，希望他到了德国后仔细寻访合适的舰船，不要拖延。

这说明李鸿章对欧洲兵舰的了解还是比较正确的，所以他找徐建寅这样的造船专家，也是找对了人。

到达德国的当天，徐建寅即刻赶到使馆向李凤苞报到。李凤苞当年在江南制造局的译馆工作时，对徐寿总是点头哈腰的，对徐建寅也是相当谦恭。可是此时见到的李凤苞已是今非昔比了，他身穿猎装，下着皮靴，刚从郊外打猎回来。徐建寅见了李凤苞这副打扮，心中虽然掠过一丝诧异，但还是郑重其事地取出李鸿章的亲笔信递给对方。

李凤苞看了信说：“你我的职任信中既已交代清楚，你也不要急于查访，还是先休息几天。订购铁甲兵舰之事，我比你早来德国，几家造船厂我都熟悉，我可以代你办理，你就放心吧。”

他说话的口气完全是上级对待下级的那种，徐建寅虽然不太习惯，但也并不反感，认为理应如此。不过对于李凤苞插手购买兵舰之事，他很不以为然，因为李凤苞对于军事可以说完全是个外行，外行和内行共事很容易产生矛盾。

就说“铁甲船”吧，就是装甲战列舰，是海战的主力军舰，也是英国、德国、法国等海军强国的主要海战兵舰。当时在清廷内部，要不要买铁甲船、由谁来负责采购铁甲船，存有不同意见。李鸿章数次上奏朝廷购置铁船，以加强海防，朝廷都以花费太大为由搁置不理。后经总理大臣奕䜣、北洋大臣李鸿章、南洋大臣沈葆桢等人反复禀告，陈述海防之重要、急迫，朝廷这才同意购买。但奕䜣却主张委托“忠于我朝”的英国人赫德去办理此事，遭到李鸿章、沈葆桢、张佩纶等多人反对，这才罢休。可见在这件事上，李鸿章等人的头脑还算比较清醒，这不是简单的用人的问题，而是涉及中国海防主权的大事，怎能把如此重要的国防事务交给外国人办理？

因此听了李凤苞的这两句话后，徐建寅马上强调说：“此次临行之前，李鸿章大人再三嘱咐，铁甲兵舰获准购买实属不易，而且费用昂贵，一定要用心寻觅，妥为购买，不得草率。为此，卑职想先广泛考察，在制造质量和订购价钱上都要货比三家，方能决定。”

李凤苞只好悻悻地答道：“也好，也好，你是造船专家你有发言权，等你查访之后，我帮你跟船厂商洽吧，跟洋人周旋，大概我比你有点经验。”徐建寅点了点头。

2. 订购兵舰

徐建寅到达欧洲以后，满脑子都是公务，对于灿烂的欧洲文明和繁华优越的生活状况，他几乎没有工夫去欣赏、去享受。一些造船厂的厂主听说中国又来了一位订购兵舰的官员，也纷纷派人盯上他，急于同他做成买卖。徐建寅却并不急于购船，而是到东到西不停地参观考察。他去的地方有车间、工地、码头、矿山等。到了当地，他也不是喝喝咖啡、听听讲解，而是看机器、看操作、问价钱、问管理。在哈茨铜矿，徐建寅还拿着小油灯，下到百米深的井下去参观，弄得陪同的人也大为惊讶。

俗话说，知己知彼，百战不殆。为了搞清楚当时海军主力战舰制造技术的实际情况，徐建寅认真地向德国铁甲舰船的权威人物请教。这人是基尔海军基地的司令，年近七旬。他对徐建寅十分友好，亲自陪同参观，并详细解释，使徐建寅收获不小。对于

参观的收获，徐建寅有所记载，他写道：

这种舰船主要有9个特点，就是船大、速度快、转动灵活、燃煤储备足、船甲厚、船体坚固、炮多而大、炮弹发射角度大、大炮位置高。

船大的优点是抗风浪能力强，可以远航作战；炮台转动灵活可以提高炮弹发射的准确度；船上要准备可用数日的较多数量的燃煤，必有好处；炮台旋转的角度是越大越好；炮台高则有利于攻击敌船内部。

以上9个特点是互相牵制的。要想速度快，船必须要加长，而船太长则运转不灵。要想增加大炮角度，最好用露炮。要想增加铁甲厚度，那么前后甲板最好不用铁甲，把省下来的铁甲加厚到中部要害部位。

徐建寅十分清楚，中国海军要想具备可以抵抗列强的战斗力，必须拥有同欧洲一样的大型战舰，舰上要配备重炮。但是徐建寅的这种想法在当时的中国简直无法实现。

了解了德国铁甲兵舰的技术指数以后，徐建寅又马不停蹄赶往英国朴茨茅斯海军基地和森茂达、帕麻、达米斯、那比尔、爱勒达、曼雪勒、萨门斯等造船厂参观研究。他的目的，主要是比较各船厂造船的价格，并向英国海军部等方面征求意见，做到心中有数。最后是与德国司旦丁（现今波兰的什切青）伏尔铿船厂签订了建造第一艘铁甲舰的合同。这家工厂的厂主当时并不知道其他船厂的报价，所以他报出的造价是620万马克，其他工厂的报价都不低于700万马克。

签订合同以后，徐建寅又来到工厂，同厂主、工程技术人员、管理人员和几位董事商谈船体改动的一些具体问题。在议事房内，徐建寅首先介绍中国的特点，从地域、物产到礼仪、制度，侃侃而谈，充满了自豪的感情。译员金楷理的话音刚落，在场的人就纷纷鼓掌。这是为何呢？原来过去来购买轮船的清朝官员，总是口口声声说中国如何如何落后，欧洲怎样怎样先进，一副低三下四的样子，跟这样的人打交道，就算买卖做成，精神上也并不舒服。现在的这位官员跟过去见到的大相径庭，令人有耳目一新的感觉。厂主听了徐建寅的话也更有信心了，他觉得跟这样的人谈生意，权利和义务讲得清楚，可以减少不必要的纠纷。

接下来要谈技术问题，徐建寅便从公事包中拿出一叠图纸，一处一处仔细地提出要求。他说“海战的时候，对方炮弹常会击中轮船中部，所以我要求贵厂对船体腹部的铁甲做加厚处理。

增加铁甲厚度势必要增加成本，这点我也考虑过了，贵厂可以对船头和船尾部分的铁甲酌情减薄。为了防止首尾处被击穿，要在船的首尾水面之下做龟背形之平铁甲，这样即使被击坏，船也不至于沉没。”对于徐建寅的这个修改要求，总技师表示完全可以做到。

至于第二艘铁甲舰，徐建寅并没有贸然继续跟伏尔铿船厂商谈，而是先提出造船要求，让各家船厂报价。法国地中海造船厂的质量也相当不错，他们开价 815 万法郎，要比伏尔铿船厂的开价贵了 25 万法郎，其他各厂工价也都高于这两家工厂，所以后来还是向德国伏尔铿船厂订造了第二艘铁甲船。这两艘船就是后来有名的“镇远”号和“定远”号。

对于这两艘船的性能，徐建寅在此次欧洲行之后撰写的《欧游杂录》一书里作了详细的记载。他写道：

> 英国的铁甲船虽然历来称得上厉害，但是真正好的就只有“英弗来息白”（Inflexible）一船而已。它式样新颖，船甲最厚，炮也最大，使用双旋台……但是旋台也有弊端，如果一旦被敌人的大炮击中，必然旋转不灵成为废物。德国人借鉴了这个教训，他们所造的“撒克逊”船改用了定台，考虑

到炮击的方向大小，仍采用露炮方法，铁甲的厚度达到十六寸，为德国最新的船。其他国家的兵船都没有超过它的。本来考虑我国订造的船为定台配大炮两尊，后改为定台配大炮四尊，炮多但不大。……现在我们想定造的船，船体厚度要跟“撒克逊”一样，采用两个圆台则模仿“英弗来息白”，以避免“撒克逊”一台四炮之弊。但仍然用露炮，炮轻台定，以避免如“英弗来息白”之弊。每台内用炮两尊，为新式后膛炮，内径十二寸，其攻击力相当于“英弗来息白”的80吨炮威力。如此一来，我们的船就可列于当今世界第一等铁甲船之列，但价格却并不比“英弗来息白”的贵。

这样的设想、这样的考量，不是内行专家，不是对祖国抱有拳拳之心的人是绝对想不到的。

“镇远”和“定远”两艘兵舰是清军舰队中最大的两艘，也是远东地区最大的铁甲巡洋舰。

这两艘军舰为同一型号，军舰长度88米，最宽处22米，吃水6.5米，船体为钢面铁甲包裹，排水量7 335吨，主机功率4 410千瓦，航速14.5节，载员330人，火炮22尊，其中有4尊305毫米的巨炮。兵舰还配备鱼雷艇3艘，小轮船1艘。两艘兵舰具备了在大洋抵御敌人的威力。

两舰后由北洋水师将领刘步蟾驾驶抵达中国，编入北洋水师，“定远”舰指定为旗舰。

这两艘兵舰在当年可以说是巨舰，它的威名曾经大大地震慑了日本海军。据说日本海军以消灭“定远”和“镇远”为目标，专门设计制造了对付中国的“松岛”、“岩岛”、“桥立”三艘4 000吨级的战舰，组成所谓的“三景舰”。这三艘军舰航速比“定远”和“镇远”都要快一些，船上巨炮的口径也比中国两艘军舰大。日本政府还让学校组织学生玩攻击型游戏，针对的假想敌就是“定远”和“镇远”。

在欧洲，徐建寅差不多考察了两年左右，去了80多家工厂和一些科技机构，考察研究近200项工艺，可以说是十分高效紧凑。他所考察的兵工企业主要有以下单位：

机构名称	考察内容
放枪院	试放后膛枪
试枪处	试放“煞司颇”枪和“旁米来”枪
河东船厂	7 000吨新造铁甲船和船坞
水雷库	水雷和鱼雷

炮台	炮台结构和28生重炮
刷茨考甫厂	鱼雷压力实验
司旦丁伏尔铿船厂	制造铁甲船　船台　软轴传动
伦敦森达茂厂	铁甲船设计和制造　造船设备
朴茨茅斯船厂	船坞　泊位　大铁甲船
伦敦来得厂	船池　栈房　转桥　船坞
设菲尔得布朗钢厂	钢面铁甲　弹簧实验
海部营造司	船式研究
柏林水雷厂	水雷壳制造
埃森克虏伯工厂	弹壳加工　炮管镗削
罗乏机器厂	手枪制造
乌盆道夫毛瑟枪厂	
胡脱微尔杜屯好夫火药厂	
卡而斯胡弹壳厂	

3. 考察制度

在欧洲的那些日子里，徐建寅不仅留心军工企业特别是军舰制造方面的情况，他同样也十分关心欧洲现代化的管理情况。因为他发现，近些年来中国花费不少钱从西方引进知识和设备，有些工厂的条件跟欧洲的相比几乎是差不多的。但是外国工厂能够生产的东西，中国的工厂却造不出来。在参观柏林的几家火药厂时，他发现那里的厂房和设备都比不过上海的江南制造局，也比不过天津、山东的机器局，但是他们生产出的火药质量却远远超出了中国几家工厂，这都是为什么呢？徐建寅一边考察一边思索，他得出了这样的结论：管理水平要跟上技术的进步，否则中国还是落在外国的后面。因此，他在参观的过程中还十分注意工厂的生产管理和技术管理。

在厂里，他会向管理者仔细询问，工人有多少？工人的每日工资最高是多少，最低又是多少？为何会有高低的变化？管理人员有多少，工资的情况如何？管理人员的文化水平是怎么样的？不同的管理岗位需要任用什么样的管理人员等。他后来对欧洲工厂技术管理的情况也做了总结：

技术工作由总工程师全权负责，另外还有十多位工程师。七八位是在厂里负责制造，有的负责洋枪制造，有的负责机器制造，还有监工六七人负责绘图出样。如果是制造新的机器，总工程师、工程师、内外监工等人都要一起讨论甚至辩论，达到对制造过程的正确而统一的理解。然后大家各自分工监造，同心同德，一气呵成。

这种在技术上畅所欲言、发扬民主的情况让徐建寅非常感慨。在中国洋务派的工厂里，往往是外行领导内行，不懂技术、不懂管理的官僚们把持了工厂的生产大权，技术人员却无权插嘴、无权管理，这也是中国工厂即使拥有西式机器和较高素质的工人，也仍然无法制造出能和西方媲美的产品的主要原因。

徐建寅后来跟美国人金楷理合作，把《伏尔铿厂管工章程》翻译出来介绍给国内。这个管理章程含有管理工人的制度 27 条，其中包括工人的上下班时间管理、请假制度、迟到扣薪等具体操作细节，甚至还附了旧货章程和医务互助章程。

在考察工作的间隙，徐建寅笔耕不辍，把自己的考察记录和心得整理并撰写成了许多论文寄往国内发表，以扩大国内知识分子的眼光。在 1880 年到 1881 年间的《格致汇编》刊物上面，就发表有徐建寅的文章《水雷外壳造法》、《阅克鹿卜厂造炮记》、《造石灰法》、《阅博物会内纺纱机器记略》、《论造玻璃瓶及灯罩法》、《论造耐火砖、火泥风管法》、《炼铜、铸铜、轧铜板、铸铜管、抽铜管、焊铜管各法》、《论血肉铁质之功用》等文。其中的几篇军事论文成了他后来的几部军事著作的基础，而《论血肉铁质之功用》一文介绍了吸食鸦片的危害。

作为赴欧洲考察的副产品，徐建寅还撰写了《欧游杂录》二卷，编译了《德国议院章程》一卷和《德国合盟纪事本末》一卷。其中《欧游杂录》除了介绍外国工厂的生产设备、技术工艺和生产管理，还记录了自己步履所到之处的风土人情、各国的政治经济、文教卫生等情况。作者采用夹叙夹议的写作方法，文风灵活。比如参观了一家染丝工厂以后，作者写道：

> 这家工厂的制作方法颇为繁琐，然而染制出来的丝产品却都很脆、容易断，颜色也不鲜艳，不像中国的染丝既简便又好。

《德国议院章程》和《德国合盟纪事本末》比较详细地介绍了德国的政治和历史，这是徐建寅旁听了德国议院一次会议之后翻译出来的。在那次会议上他发现，议员们在会上议论纷纷，最后定下章程，他觉得，这总比清朝一切都由皇帝说了算要好。

徐建寅由此回想起之前在山东机器局的时候，同乡薛福成曾经说："中国想要自强，应当从提倡洋务开始；而要实现洋务，应当从整顿总理衙门开始；要整顿总理衙门，又应该从取消官员终身制开始。”当时徐建寅对薛福成的话颇不以为然，因为那时他相信李鸿章的思想：中国所缺少的，只是坚船利炮，而种种制度都比欧洲的好，万万不可改变。

然而在欧洲，亲眼所见、亲耳所闻都改变了徐建寅原先对李鸿章的信任、对薛福成的否定。他觉得中国还得要在制度上有所变革，这使他萌发通过编译外国的法律文本来促进中国的政治和司法改革的念头。作为一个自然科学家，他除了关心科学技术，还关心上层建筑的变革，表明他是一个有政治头脑的科学家。事实上，他的编译行为很好地配合了中国资产阶级改良派的政治宣传，这也为他日后参与变法维新运动打下了思想基础。

4. 高山和黄土

徐建寅在欧洲真是没有一天空闲过，事无巨细样样要看要问，这就跟那些不学无术的官老爷大不一样了。中国有很多的官员到了国外其实是不干实事的，有的人甚至还要干扰别人干实事。中国这样的庸官和贪官太多，而像徐建寅这样的人却太少。徐建寅在欧洲逗留的时间比原计划缩短不少，就跟李凤苞有关。

在签订第二艘铁甲船建造合同之前的一天，徐建寅到李凤苞办公室向他汇报各厂的报价情况，见正有一个德国人跟他交谈，便想退出去。李凤苞却叫住了他，还把他介绍给了这个德国人：“他是我们清国的技术专家、使馆参赞徐建寅先生。”徐建寅只好坐下听他们继续谈话。

原来这是一家机器厂的厂主，来同李凤苞商谈出售轧铜剪铜的机器，他声称自己的工厂产量既高，质量又好。徐建寅看了他带来的机器图样，发现跟国内江南制造局和天津机器局购置的机器几乎是一样的，但是国内的产量跟他报出的产量要少一半，难倒真会有如此大的差距？徐建寅心中不免疑惑。

德国人告辞之后，徐建寅马上提出自己的看法：“这种机器我国已经可以自行制造了，何必向洋人购买？”李凤苞一听徐建寅说话如此直截了当，当即把脸拉下：“这是李鸿章大人交办的事情，不是我等可以做主的，况且我已同厂方谈妥订购事宜，岂可反悔？”

徐建寅见他拿出李鸿章这张王牌，内心并不想退让，只是改口说：“既然谈妥了订购之事，那么机器的产量和质量指标一定要在合同中写明，完工以后对机器要进行验收，若达不到指标，必不能接受机器。”见徐建寅的话说在理上，李凤苞只能压了一肚子气，勉强表示认可。

两个月后，徐建寅带着翻译金楷理到工厂验收机器，发现这批机器的产量的确达不到合同上的指标，质量也很差，加工过程中时有次品出现。徐建寅生气地跟厂主交涉，要求他对机器进行认真整改，否则不能取货。厂主见徐建寅如此较真，心里面是后悔不已，直怪自己这回看人看走了眼，原来清朝的官员也有跟李凤苞不一样的。厂主只好唯唯诺诺答应一定好好整改，请他下次再来查验机器。

出了工厂，金楷理马上告诉徐建寅，临出门时，厂主悄悄把他拉住，向他的口袋里塞了一包东西，他知道这是贿赂之物，立刻退回去了。徐建寅听后大为高兴，拍拍他的肩膀说："你干得太好了，正合我意。"

第二天，徐建寅来到使馆公署，署役告知说李凤苞已出使奥地利递交国书去了。徐建寅便急问："李大使出发前有何交代？"署役回答："只交代洋人雇员把此期间收到的信函转邮奥国，使馆其他人员不得干涉。"

徐建寅听了这话不禁大吃一惊。按照规矩，大使出差，应由参赞代理使馆公务，怎能由洋人代办事务？这不是个人恩怨之事，而是关乎国家主权和形象之大事，作为外交官理应懂得这个

道理，莫非其中有什么奥秘？回想自来欧洲以后，早已发现李凤苞办事多有不检点的地方，甚至把国家利益置于脑后。自己几次提醒和婉言批评大概已种下了嫉恨。但是徐建寅并不后悔自己的言行。

李凤苞回到德国以后，徐建寅向他如实汇报了机器验收没有通过的情况。李凤苞却淡定地答道："这恐怕不妥，购买机器的款子已经支付了。"

徐建寅一听立刻跳了起来："订货时预付款不得超过货款总额半数，各国贸易均按此规矩办理，大人您怎能全额支付！"

李凤苞看徐建寅如此不依不饶，也只好用了商量的口气："这样吧，我再派手下洋员到工厂去一次，看看那里的情况，确有不妥之处再行商议。"

徐建寅在国内已和很多官员接触过了，知道这只是推脱之词，不禁怒火中烧："李大人，我等奉命出使，应对朝廷负责，对国家负责。要是机器不合标准，买回去只能是一堆废铁。大人如不信卑职的话，可与卑职一同前往工厂查验。"

李凤苞也不耐烦跟徐建寅周旋了，他也站起身来呵道："我是朝廷特命全权大使，你有何资格放肆胡言？"说完扔下手中的雪茄烟扬长而去了。徐建寅呆呆地站在那里，不知这次矛盾该如何了结。

离开使署，徐建寅就写了一封信给李鸿章，把来德国以后的情况做了汇报，其中包括李凤苞跟自己的不同意见和不同做法。这时候，也正赶上曾纪泽从英国到俄国谈判，途经德国稍作停留。由于有曾国藩跟徐寿的一层关系，再加上曾纪泽并无官二代的纨绔之气，是个平易近人的官员，徐建寅就到曾纪泽下榻之处看望他，并把自己的委屈也一吐为快。

在欧洲，李凤苞帮着洋人说话，徐建寅却锱铢必较，一丝不肯放松。同是大清官员，一个是一抔黄土，一个是一座高山，同时代的两个知识分子，怎会有如此巨大的反差，真是耐人寻味。

捌 巨星陨落

1. 突然“待放”

两个月后，徐建寅突然接到要他回国的调令，其中缘由徐建寅自然心知肚明。回到上海以后，徐建寅同父亲和华蘅芳都谈到了那些在欧洲的不愉快经历，还谈到对李鸿章的看法。华蘅芳说：“李鸿章是博学之人，又是朝廷重臣，为何器重李凤苞这样的小人？”徐建寅说：“李鸿章还是忠心于朝廷的，不至于知道是小人还重用，一定是李凤苞对朝廷多有欺瞒。”

不谙官场之道的徐建寅哪里知道，李鸿章跟李凤苞正是大巫见小巫。李凤苞确实是李鸿章一手提拔的，而且李鸿章还拿了不少李凤苞孝敬的欧洲的东西。这次把徐建寅调回国也正是李鸿章向朝廷上报奏折的结果。

徐建寅在上海住了几天，看望过父亲以后回北京复命，等来的谕旨是：待放。待放就是离职休息的意思，这一放就放了两年。

徐建寅待放不久，李凤苞也遭革职查办了。原来是曾纪泽也给朝廷上了一道奏折，说自己在出使欧洲期间听闻李凤苞有不轨行为，特派专员暗中查访，查实李凤苞在购买军火和机器时收受洋人贿赂达 60 万两白银之巨，败坏政风，请求朝廷将其召回国内给予治罪。

就这样，徐建寅从 1879 年 9 月 21 日搭乘“扬子”号轮船从吴淞口出发，到 1881 年 8 月份回国，实际在欧洲只考察了两年多。

自从徐建寅突然被朝廷召回，徐寿的心情就一直闷闷不乐。开始时徐寿以为，李鸿章接到徐建寅的信后一定会对李凤苞进行查处，没想到，不但李凤苞没有被查处，徐建寅倒待放无期了。直到后来听说，是曾纪泽把李凤苞揭露出来，他的心病又加重了一层。回想自己几十年来对曾国藩、李鸿章这些洋务大臣无限敬重，认为他们理解格致，网罗人才，必定是国家栋梁。自己并无当官的念头，只要在那些能臣的手下发挥专长、造福

国家和民众，也就心满意足了。没想到李鸿章竟会是那样的人，建寅得罪了他，恐怕很难有好的前景了。这一年徐寿已经年过花甲，亲友早就劝他回归故里，享受天伦之乐，可是他却放不下格致的事业。

一天，徐寿正在格致书院向学生做化学实验的示范，做着做着竟一头倒下不省人事。尽管医生随后就赶到，但是徐寿已经停止了呼吸。医生说徐寿患脑血管硬化已有多年，再加上最近心情郁闷，致使发生了猝死。

几天以后，徐寿的葬礼在格致书院隆重举行，书院的师生、徐寿的亲友和上海方面的一些官员参加了仪式。灵堂旁有两副挽联特别引人注目，一副是华蘅芳写的：

相交忘年是师是兄扶掖后学

功业盖世如星如月永照人间

还有一副是傅兰雅写的：

孜求西学旷漠渊源迸发

传播格致周遭百草滋荣

次子徐建寅闻讯从北京又赶回上海时，徐寿已经入殓。长子徐建丑从乡下赶来上海，跟上海的三子徐华封汇合，兄弟三人按照习俗在停柩 49 天以后，把父亲安葬在社冈里村的墓地。如今，徐寿的墓地分作两个地方，另一处是无锡市政府在无锡市梅园公墓为徐寿新建的墓地。

1884 年徐寿去世，他以一介布衣入世，又以布衣为终。徐寿的一生前半生清贫，后半生富足，但他从来都是节俭尚朴。后人对他的评价是：

> “衣食不求华美，居室但避风霜。修然野外，辄怡怡自乐。每出门徒行数十里无倦色，至老不衰。论者以为眉寿之徵，全由勤苦得来也。”

好笑的是，徐寿一生不曾谋求高官厚禄，死后却被朝廷封了一个二品衔。

按照中国传统礼教，徐建寅为父亲守制三年。守制是旧时代的一种丧礼制度，按照礼制要居丧三年，简称守制。凡是父母或祖母死亡，嫡长子或承重孙（长房嫡长孙）不得担任官职、参加科举考试、举行嫁娶活动，要在家守孝三年，闭门读书，谢绝事

务。为官者在这段时间内也要解除职务。一般要在家守孝 27 个月，才能结束守制。

2. 革去三品衔

这几年，徐建寅也更多地关心国家时局的变化，经常阅读鼓吹变法的《时务报》。他自己也在这份报纸上发表过文章，那是他批评福建船政局的文章，也带有一点局部变法的味道。他在文章中说，福建船政局自开办以后 30 年中，不曾发表一个字来介绍推广西学。他们只是学到一点西方的皮毛，便当作私有的宝物，唯恐传播开来为他人所用，这是官场和文场的恶习，应该抛弃。最近，他在《时务报》上看到康有为提倡变法的文章，觉得深有同感。

洋务运动发展到戊戌年头，终于要有大的变化了，改良派登上中国政治大舞台，“中学为体”的“体”摇摇欲坠，连皇帝都答应要“变法”。光绪二十四年四月二十三日（1898 年 6 月 11 日），光绪皇帝颁布“明定国是”诏书，宣布变法。在随后的三个多月时间里，又连发数十道新政诏书。改革内容有破有立，破除的内容主要包括废除八股考试的规程，改为策论考试，各省的书院、祠庙改设学堂，裁减绿营，裁撤政府的重叠机构，批准满族人自谋生计。革新的内容主要有筹办京师大学堂，开设中国银行、矿物铁路总局、农工商总局，倡办各种实业，奖励新著作、新发明，设立编译局；准予自由开立报馆、学馆，编制国家预算，公布年度国家收入支出，广开言路，提倡上书言事等。

这一阶段，谭嗣同被征召入京，任四品卿衔军机章京，参与戊戌变法。徐建寅也被委任新成立的农工商总局“督理”，享三品卿衔，如有奏折可随时上奏。

到了八月六日（9 月 21 日），慈禧太后和荣禄突然发动政变，幽禁了光绪皇帝，逮捕了维新派人士，光绪变法失败，“戊戌六君子”也因此遇害。因“维新”只维持了一百零三日，所以史称“百日维新”。新建不满两个月的农工商总局也被“裁撤”。徐建寅列在了“被拿办下狱革职圈禁停差逮捕家属者”的 27 人名单之中，革去了三品衔。幸亏庆亲王奕劻事先派人送信，叫徐建寅赶紧离开京城，否则他恐怕要陪谭嗣同一起血染菜市口了。

徐建寅本来不是一个关心朝政的人，但是朝政却来关心他，他躲也躲不掉，只好以扫墓为名逃回无锡老家。徐建寅是技术专家，并不是官僚，没有什么实权。这在平时是个弊端，在非常之

时却成了护身符。徐建寅回到老家并没有受到什么追究，他离开了是非之地，也就暂时把支持变法的念头放一放，继续施展他的技术专长。

3. 百年悬案

在湖北汉阳火药厂，徐建寅“日手杵臼，亲自研炼”，研制起了无烟火药。研制工作进展很快，试制也获得了成功，正准备大规模投产。

光绪二十七年（1901 年）阴历二月十二日那一天的清晨，天上翻滚着灰白的云团，西北风吹在脸上刀扎似地疼。汉阳西北赫山的火药厂茶房里，两个当班的工人在聊着天。年长一些的工人说道：“我们这位徐大人规矩定的也太多了，连在茅房里吸烟都不允许。不过，认真说起来，要是当官的个个都像徐大人那样，洋人也不可能打到皇城根下。”

那个年少一些的工人说：“谁说不是呢。前任的那个姓刘的总办三年里办了什么好事呀？花了大笔的银子从德国买来的机器都生了锈，什么也没造出来。”

“这就叫文官三只手，武将三条腿嘛。你可知道刘大人三年里捞走多少肥水吗？”

“我哪知道啊。我只听说徐大人到厂后，刘大人在背后恨恨地说过，谁堵我的财路，我堵他的生路。”

“我看大清朝迟早要断……”

这个工人想说“大清朝迟早要断送在这帮贪官的手里”，可是“送”字还没出口，只听到一声“砰”的一声巨响。

原来是火药厂实验室发生了爆炸，一时间，厂房粉碎冲向高空，浓烟遮蔽了半边天，爆炸的巨响震撼了整个武汉三镇，身处附近的人都听得到自己房屋的窗子也被震得咯咯作响。徐建寅此时就在实验室里，他和在场的工匠等 14 人（一说 16 人）全部罹难。

当时湖广总督张之洞写了《为徐建寅等请恤折》奏折上报朝廷说：

“详查失事之由，因机器开关枢纽均在墙外，墙外司机人等未经听明，开机过快，以致机器磨热生火炸裂，致在场员匠等人同遭轰毙。”

奏折写得很清楚，这是一起“机器爆炸”事故。由于这是官

方的权威结论，所以，一百年来，包括《清史稿》在内的各类记载莫不以此说法见诸文字。然而，当时即有官场和民间的种种异样传说，但都不得要领，再经过岁月封存，定论似乎已成了“铁论”，谁也难以撼动了。

却不知90多年以后，徐建寅的孙子、美籍华人徐鄂云在风烛残年之际以一种为史立证的精神，根据几组最直接的回忆和最符合逻辑的推理，推翻了“机器爆炸”的可能，以谋害的结论取而代之。

徐鄂云为后人们还原的当时场景是：

徐建寅在汉阳时，儿子徐家保在武昌而不在汉阳，由儿媳妇，也就是徐鄂云的母亲主持家务。那天一大早，汉阳火药厂的“老轨”（技工组长）突然来到徐建寅的住所禀报：

“报告大人，厂里的机器发动不起来了，还请大人即刻前往察看。”

此时的徐建寅正和自己的女婿兼秘书赵诒琛（字颂南）一块儿吃早餐，听到这样的报告，觉得情况不符合常理，心头有点冒火。正巧那天吃的是粥，粥还烫，不便入口，徐建寅就放下碗筷立即动身赶往工厂。

赵诒琛听了“老轨”的报告、看到老丈人的表情，心中也有些纳闷，但也不好说什么。吃了几口粥，又感到不放心，随即也前往工厂，刚走到半路，就听到轰然巨响。赶到工厂时，只见到尸骨分离的惨象，废墟当中只找到徐建寅的一只靴子。家属也只能拿了这只靴子跟其他一些遗物，在无锡老家给徐建寅立了一个衣冠冢，以供祭祀。

从现场情况分析来看，拌药房的机器总开关设在厂房外边，厂房和里面的人跟机器全都“报销”，而在厂房外操纵机器开关的“老轨”安然无恙，这样的情形就很值得怀疑。

再按照拌药的情况看，火药或炸药在散装的情况下是没有爆炸力的，如有火星或由摩擦产生高热，也只能轰然起火，并不能产生把整座厂房炸上天的巨大爆炸力。无烟火药必须有引爆、有铁壳包装才能爆炸。如果没有人为添加的某种爆炸物，拌药的过程即使不符合技术规范，也不会发生爆炸，这个道理，徐建寅和操作工匠也都是知晓的。

所以，真实的情况只能是“老轨”已经预先把炸药夹在了机器中，当总开关开动，带动齿轮后，炸药受到压力发生爆炸。至于该放多少炸药、当天放置的这些炸药会产生多大威力，“老轨”心里也不清楚，他只是奉命办事。而指使“老轨”干出如此伤天害理之事的幕后策划者也未必想要致徐建寅死地，种种错综复杂的态势和出人意料的结果使得这件事情不便真实披露，从而成为一桩悬案。

出事之后，徐建寅一家上下悲痛欲绝，徐建寅的儿子徐家保更是要求朝廷查明真相给个说法，并写成文书，永存史册。但是果真这样做的话，朝野震动，必然有人要为此负责，有人要丢掉乌纱官帽，这是那些高官要人们最不想看到的事情。于是，就有了许多耐人寻味的细节发生。

张之洞大人以湖广总督的身份坐镇华中，开办工厂，力保清朝半壁江山，可以说身负重任，又与李鸿章争权夺势。突然间，汉阳火药厂发生爆炸，影响到军备供应和治安状况，张之洞当然脱不了干系。在张大人看来，徐建寅并非国家栋梁，牺牲一个技术人员也不是什么大事。重要的是此事却有人为因素，事情就复杂了。八国联军攻陷北京，慈禧太后携光绪皇帝逃亡西安，如果这个时候有人把这件事情传到朝

张之洞（选自《辞海》第六版彩图版，上海辞书出版社 2009 年 9 月出版）

廷，惊扰了太后自西安返回京城，自己就是“罪莫大焉”了。所以张大人特派专人找到徐建寅的儿子徐家保，千叮咛万嘱咐传达了两个意思，第一是这件案子完全由我（张之洞）负责，第二是你们徐家人不要说话。这其中的道理不必明说，徐家人要是能够“拎清”就好办了。

于是，张之洞大人按照阵亡的规格把徐建寅作厚葬安排，把他的牌位放进昭忠祠里。另外，让徐家保官位高升直到道台，而且能够惠及子孙后代，真可谓精心安排啊！徐建寅共有7个儿子，但是当年在湖北侍奉的只有徐家保一人，其余几个儿子都不知内情。对于朝廷，张之洞只用“机器爆炸”搪塞过去。在国势日衰的情况下，朝廷上下个个惶惶度日，但求自保，他们听闻了张之洞的奏报，也大多顺势相信，并不追究，此事也就安然过去了。

现在要拨开历史的迷雾，就要拎出事件的三个主角：李鸿章、汉阳制造局原总办刘某、“老轨”。

先说李鸿章，听说皇帝要彻查甲午海战战败的情况，他心里着了慌，唯恐影响到自己，于是派人告诉徐建寅，如果他把调查报告“做得好”，就把山东青登莱道员的这个肥缺安排给他。

徐建寅深知自己的父亲徐寿和曾国藩、李鸿章师生两人之间

多年的交情，自己就算不能延续这份交情，也是不应该“恩”将“仇”报的。但是徐建寅素来对加官晋爵不感兴趣，一心只是在揭示科学的真谛。这一回接了圣旨前往威海，就是一心想把事实查个水落石出。从当时中日两国军力来看，中国明显强于日本。海军实力中国排世界第八，日本仅位于十六。战争逼近的时候，山东巡抚李秉衡等人曾奏请以贻误战机撤换丁汝昌，并对其治罪，这可能是挽回败局的最后一招了。但李鸿章存有私心，保了丁汝昌，致使败局无法挽回。

当时的战况是：北洋水师兵舰一字排开，岸上还有大炮掩护。但是开战以后，“定远”和“镇远”两舰的大炮只有三颗开花炮弹可用，鱼雷里面装的是铁砂而非火药；岸上发射出去的也只是一些小口径的炮弹，大炮虽然发射但是根本没有形成杀伤力。显然，军需品的供应存在严重问题，而负责军需的正是李鸿章的女婿张佩纶。

再往前回顾一下，徐建寅被派往德国任参赞，具体负责购买军舰的事情，却遭到李凤苞的百般刁难。李凤苞孝敬他的“恩公”李鸿章的银子从何而来，李鸿章的心里自然也是清楚的，所以和徐建寅之间也就有了一份芥蒂。

庆亲王奕劻在朝中与李鸿章不甚和睦。他素来仰慕徐建寅是一位洋务人才、正人君子，因此数次把徐建寅请到自己的家里赴宴。这次听说徐建寅从威海卫查案返京，就多了一个心眼，派人在中途直接把徐建寅接到自己家中，在洗尘的饭桌上把情况问了个一清二楚。按徐建寅的为人，他是不会也不敢隐瞒实情的，所以事态变得对李鸿章极为不利。

李鸿章因没法向朝廷交代，只能请求徐建寅把调查报告“做得好一点”，没想到庆亲王会来半道截人这一手。自己不敢得罪庆亲王，只能迁怒于徐建寅不顾两代人的多年交情，不肯帮忙袒护一下。

再说刘某和“老轨”。李鸿章于是就吩咐汉阳制造局原来的总办刘某，让他指使“老轨”给徐建寅制造一点麻烦，杀杀他的风头。但是这“麻烦”应该不是要置徐建寅于死地的。但是，人算不如天算，这“麻烦”要多大才算合适，李鸿章、刘某和“老轨”三个人都不甚了了，这才殃及徐建寅命丧黄泉。

还有两段后事要交代一下。第一件是，“老轨”奉刘某之命去做这件事，也没有想到有这么严重的后果，因此事后不但不敢邀功，内心还被神鬼报应等说法闹得心神不安。于是总想找个机会表白心迹，求天老爷宽恕。他后来有机会跟徐建寅的儿媳妇接触，隐约透露了当时的一些端倪，徐建寅的儿媳又把这些端倪告

诉徐家的后人。

第二件是，出事那天，徐建寅的女婿赵颂南虽然因为没有跟岳父同坐一顶轿子而躲过一劫，但是那一声巨响和那一幅惨状给了他深刻的印象。事后细细回想起来，他感到自己有许多不周到的地方。第一就是，当时听了“老轨”的话也感觉到有点不对劲，但是出于礼节，不便在长辈面前多话，因此并未责问“老轨”。第二，作为随身秘书，自己应该随同前往视察，或许能早点发现苗头，避免事故。第三，“老轨”见徐大人起身，表情欣喜，飞步跑回，这样的情节明显异常，自己竟毫无觉察，没有助岳父一臂之力，乃失察之罪。

按道理说女婿应该为岳父出头，向上面申报种种疑点，以求破案。但是赵颂南害怕违背总督张之洞之命，惹火烧身，只好一言不发。若干年之后，赵颂南的爱子忽然夭折，他心想莫不是天谴报应降临于己？于是从遥远的巴黎寄给徐家一封长信说，愿意资助徐家两个小孩去巴黎留学。赵家人为何要资助徐家孩子到国外留学呢，这其中必是有奥妙的。

这两件后来发生的事情，使得徐建寅的后人们更加坚信，徐建寅的死不是因为意外的机器爆炸事故，而是人为制造的爆炸所致。

所以，中国的事情往往是信不得官方志史的。真相到底如何，大有探讨的必要。

徐建寅无法知晓自己的后人以及跟自己有关的人因为这件“爆炸事故”又发生了什么样更曲折离奇的“故事”。以制枪造炮为乐事的人却死在自己的火药之中，这该是多么悲壮的死亡！他以一生去梦想着强军富国的那一天，著书论说 500 万字，北上南下大半个中国，把一生都献给了中国的军工事业。他为了中国科技进步而整日忙碌的脚步可以停下来歇一歇了。

徐建寅去世之后，徐氏的后人并没有被吓到，他们继承了先辈的精神，继续为中国的军工事业努力着、奋斗着。若干年后，徐寿的小儿子徐华封成了科学家兼化学工业实业家。徐寿的孙子写出了《徐氏火药学》一书，把徐氏几代人研究火药的原理和秘方公之于世、服务国家，而不是藏之于密室由私家获利。此书 1931 年交给政府军事部门以作参考。

徐氏父子的名字没有出现在封建王朝的志书里，却记录在新中国的史书中。当我们扬起建设海洋强国的梦想风帆的时候，我们深深地回忆起他们。让我们用扎实的努力来告慰他们的梦想吧。

主要参考文献

1. 徐伟民、方晓珍:《安庆与中国近代化》，合肥工业大学出版社2007年12月版

2. 安庆市地方志办公室编:《安庆工业发展史》，合肥，时代传媒股份有限公司2011年2月出版

3. 张健初:《皖省首府——老安庆》，黄山，黄山书社2006年5月出版

4. 无锡市图书馆藏内部资料:《无锡文史资料》第16辑、34辑

5. 钟叔河著:《走向世界——近代中国知识分子考察西方的历史》，北京，中华书局1985年出版

6. 徐鄂云:《清末科学家徐寿的生平与自学成才》，中国造船工程学会编《船史研究》1993年第6期

图书在版编目（CIP）数据

帝国夕阳下的铸舰之梦：战船工程师徐寿 / 黄建华编撰．— 上海：文汇出版社，2015.2

（大国海图 / 桂国强主编．人物志）

ISBN 978－7－5496－1391－5

Ⅰ．①帝…　Ⅱ．①黄…　Ⅲ．①徐寿（1818～1884）—传记　Ⅳ．①K826.16

中国版本图书馆 CIP 数据核字（2015）第 012946 号

主　　编 / 桂国强
执行主编 / 张　衍
策　　划 / 任丽青

◎大国海图・人物志◎
帝国夕阳下的铸舰之梦
——战船工程师徐寿

编　　撰 / 黄建华
责任编辑 / 卫　中
装帧设计 / 王　翔

出版发行 / 文匯出版社
上海市威海路755号
（邮政编码200041）
经　　销 / 全国新华书店
排　　版 / 南京展望文化发展有限公司
印刷装订 / 江苏省常熟大宏印刷有限公司
版　　次 / 2015年3月第1版
印　　次 / 2015年3月第1次印刷
开　　本 / 890×1240　1/32
字　　数 / 110千
印　　张 / 6.5

书　　号 / ISBN 978－7－5496－1391－5
定　　价 / 17.00元